5 TIPPS FÜR DEN ANFANG!

1) LÖSUNG DER RÄTSEL

Die Puzzles haben ein klassisches Format :

- Die Wörter sind ohne Abstand, Bindetrich usw… versteckt
- Richtung : vor-& rückwärts, auf & ab oder in der Diagonale (beider Richtungen)
- Die Wörter können übereinanderliegen oder sich kreuzen

2) AKTIVES LERNEN

Neben jedem Wort ist ein Abstand vorgesehen zum Aufschreiben der Übersetzung. Um ihre Kenntnisse zu überprüfen und zu erweitern befindet sich am Ende des Buches ein **WÖRTERBUCH**. Suchen sie die Übersetzungen, schreiben sie sie auf, dann können sie sie in den. Puzzles suchen und ihrem Wortschatz hinzufügen.

3) ANZEICHNUNG DER WÖRTER

Haben sie schon einmal versucht eine Anzeichnung zu verwenden? Sie könnten zum Beispiel die Wörter, die schwer zu finden sind, ankreuzen, die Wörter, die sie lieben, mit einem Stern, neue Wörter mit einem Dreieck, seltene Wörter mit einem Diamant usw … anzeichnen

4) IHR LERNEN ORGANISIEREN

Am Ende dieser Ausgabe bieten wir auch ein praktisches **NOTIZBUCH** an. Ob im Urlaub, auf Reisen oder zu Hause, sie können ihr neues Wissen ganz einfach organisieren, ohne ein zweites Notizbuch zu benötigen!

5) SIND SIE AM SCHLUSS ?

Gehen sie zum Bonusbereich : **MONSTER-HERAUSFÖRDERUNG,** um ein kostenloses Spiel zu finden, das am Ende dieser Ausgabe angeboten wird !

Lust auf mehr Spaß und **Lernaktivitäten**? **Schnell und einfach :** eine ganze Spielbuchsammlung mit einem einzigen Klick erhaltbar :

Mit diesem Link finden sie ihre nächste Herausforderung :

BestActivityBooks.com/MeineNachsteWortsuche

Achtung, fertig, ... Los !!

Wussten sie, dass es auf der Welt ungefähr 7.000 verschiedene Sprachen gibt ? Wörter sind kostbar.

Wie lieben Sprachen und haben schwer daran gearbeitet, die Bücher von höchster Qualität für sie zu entwerfen. Unsere Zutaten ?

Eine Auswahl von angepassten Lernthemen, drei große Scheiben Spaß, dann fügen wir einen Löffel schwieriger Wörter und eine Prise seltener Wörter hinzu. Wir servieren sie mit Sorgfalt und ein Maximum an Freude, damit sie die besten Wortspiele lösen und Spaß am Lernen haben.

Ihre Meinung ist wichtig. Sie können aktiv zum Erfolg dieses Buches beitragen, indem sie uns eine Bemerkung hinterlassen. Sagen sie uns, was ihnen an dieser Ausgabe am besten gefallen hat !!

Hier ist ein kurzer Link, der sie zu ihrer Bewertungsseite führt

BestBooksActivity.com/Rezension50

Vielen Dank für ihre Hilfe und viel Spaß

Linguas Classics

1 - Geschäft

```
L  E  R  T  R  O  D  A  G  E  R  P  M  E
O  T  N  O  C  S  E  D  J  X  E  V  A  S
J  T  P  H  M  A  D  T  Z  A  Y  E  J  C
A  U  S  I  F  E  L  M  N  T  R  N  H  R
C  X  P  U  W  L  R  V  S  E  Z  D  Z  I
I  U  B  U  C  P  X  C  Z  U  R  A  Q  T
R  D  O  Ã  Ç  A  S  N  A  R  T  E  X  Ó
B  C  A  R  R  E  I  R  A  D  F  Ç  G  R
Á  F  D  I  N  H  E  I  R  O  O  W  Z  I
F  M  O  E  D  A  D  B  P  J  Q  R  Ç  O
X  V  W  E  M  P  R  E  G  A  D  O  I  F
I  N  V  E  S  T  I  M  E  N  T  O  X  A
I  M  P  O  S  T  O  S  M  M  Q  U  W  F
K  L  U  C  R  O  T  N  E  M  A  Ç  R  O
```

EMPREGADOR
ORÇAMENTO
ESCRITÓRIO
FÁBRICA
DINHEIRO
LOJA
LUCRO
INVESTIMENTO
CARREIRA

CUSTO
GERENTE
EMPREGADO
DESCONTO
IMPOSTOS
TRANSAÇÃO
VENDA
MERCADORIA
MOEDA

2 - Ingenieurwesen

```
D  Â  P  B  W  W  G  M  K  C  D  O  P  E
E  I  N  M  C  Ç  O  Á  U  Á  I  Ã  R  N
R  N  A  G  M  I  Ç  Q  E  L  Â  Ç  O  G
F  Z  E  G  U  B  K  U  D  C  M  U  P  R
L  G  U  R  R  L  Ç  I  A  U  E  R  U  E
G  Ç  A  A  G  A  O  N  D  L  T  T  L  N
J  F  L  R  O  I  M  A  I  O  R  S  S  A
O  H  E  U  D  H  A  A  L  K  O  N  Ã  G
D  I  S  T  R  I  B  U  I  Ç  Ã  O  O  E
I  G  E  U  Z  R  C  M  B  S  Ç  C  F  N
U  C  I  R  F  O  R  Ç  A  E  I  X  O  S
Q  M  D  T  H  T  R  Ç  T  M  D  O  T  S
Í  A  D  S  A  O  I  A  S  M  E  K  G  N
L  P  R  E  G  M  N  Ç  E  Q  M  Q  C  I
```

EIXO
PROPULSÃO
CÁLCULO
DIAGRAMA
DIESEL
DIÂMETRO
ENERGIA
LÍQUIDO
ENGRENAGENS

CONSTRUÇÃO
MÁQUINA
MEDIÇÃO
MOTOR
ESTABILIDADE
FORÇA
ESTRUTURA
DISTRIBUIÇÃO
ÂNGULO

3 - Kaffee

```
S  F  Ã  H  N  A  M  V  T  C  A  P  O  C
L  E  I  T  E  V  M  H  V  W  L  R  H  B
L  P  R  X  Z  A  E  A  K  E  M  E  R  C
E  F  W  A  X  R  G  N  R  U  F  Ç  O  X
G  T  X  Z  V  I  I  Í  V  G  O  O  B  X
M  V  N  T  N  E  R  E  A  M  O  R  A  A
R  O  V  B  C  D  O  F  U  X  T  T  S  E
A  Ç  E  V  D  A  F  A  G  B  E  L  X  B
C  S  T  R  A  D  D  C  Á  L  R  I  Ç  F
Ú  T  S  O  C  E  H  J  P  C  P  F  P  S
Ç  L  H  A  E  B  E  B  I  D  A  T  U  P
A  K  T  W  D  H  C  J  E  G  G  Q  C  Y
Q  I  I  C  N  O  G  G  Y  Y  F  Ç  C  W
L  Í  Q  U  I  D  O  J  Q  Y  Z  S  J  F
```

AROMA	LEITE
AMARGO	MANHÃ
CREME	PREÇO
FILTRO	PRETO
LÍQUIDO	COPA
ASSADO	ORIGEM
SABOR	VARIEDADE
BEBIDA	ÁGUA
CAFEÍNA	AÇÚCAR
MOER	

4 - Gemüse

```
S  T  P  A  T  A  T  A  B  G  V  D  G  D
A  A  U  B  R  K  M  G  E  T  A  M  O  T
L  R  S  Ó  H  N  R  A  R  U  O  N  E  C
S  F  W  B  M  E  Z  M  I  E  P  C  G  D
A  O  W  O  C  E  V  S  N  R  I  E  E  C
D  H  I  R  R  C  A  R  G  F  A  B  N  O
S  C  G  A  F  U  B  H  E  A  M  O  G  G
W  A  P  E  P  I  N  O  L  N  Y  L  I  U
R  C  L  N  A  B  O  C  A  I  R  A  B  M
K  L  E  A  A  L  H  O  V  P  V  T  R  E
Ç  A  I  G  D  X  E  G  I  S  Z  R  E  L
I  J  Ç  Q  R  A  O  K  L  E  A  T  E  O
B  R  Ó  C  O  L  I  S  O  Y  G  A  Z  B
C  O  U  V  E  F  L  O  R  Y  F  W  S  D
```

ALCACHOFRA
BERINGELA
COUVE-FLOR
BRÓCOLIS
ERVILHA
PEPINO
GENGIBRE
CENOURA
BATATA
ALHO

ABÓBORA
OLIVA
SALSA
COGUMELO
NABO
SALADA
AIPO
ESPINAFRE
TOMATE
CEBOLA

5 - Schönheit

```
E  E  F  H  Q  J  B  C  K  R  F  C  E  Ó
P  E  L  E  M  R  A  H  C  Í  O  O  L  L
E  S  I  Y  M  O  T  P  X  M  T  S  E  E
E  S  U  A  C  C  O  R  E  E  O  M  G  O
T  S  P  A  P  M  M  O  A  L  G  É  Â  S
N  O  T  E  V  D  A  D  I  A  Ê  T  N  S
A  H  O  I  L  E  R  U  Ç  N  I  C  E
G  C  Y  L  L  H  U  T  N  X  I  C  I  R
E  A  Y  C  I  I  O  O  Â  A  C  O  A  V
L  C  G  U  Y  N  S  S  R  M  O  S  T  I
E  G  R  A  Ç  A  E  T  G  P  N  K  I  Ç
B  N  T  E  W  U  T  H  A  U  Ç  L  Y  O
S  V  E  C  D  B  G  C  R  M  R  M  C  S
U  F  R  F  Y  S  Y  F  F  W  K  Q  K  R
```

GRAÇA
CHARME
SERVIÇOS
FRAGRÂNCIA
ELEGANTE
ELEGÂNCIA
COR
FOTOGÊNICO
SUAVE
PELE

COSMÉTICOS
BATOM
CACHOS
ÓLEOS
PRODUTOS
TESOURA
XAMPU
ESPELHO
ESTILISTA
RÍMEL

6 - Tanzen

```
V G E C L Á S S I C O A C T
W J T X R L R I T M O C O R
E N R D P A C I S Ú M A R A
R B A J A R U T L U C D E D
P D L N O U E H A S W E O I
M O O G L T T S U I T M G C
B T S P R L F S S M Z I R I
E N Z T S U K W I I Y A A O
M E V A U C S M V V V M F N
O M Ç D Y R G R A Ç A O I A
Ç I S W I R A T L A S P A L
Ã V K S D A L E G R E R D C
O O R I E C R A P V Z O S X
Ç M E N S A I O G W K C R W
```

ACADEMIA	CULTURA
GRAÇA	CULTURAL
EXPRESSIVO	ARTE
MOVIMENTO	MÚSICA
COREOGRAFIA	PARCEIRO
EMOÇÃO	ENSAIO
ALEGRE	RITMO
POSTURA	SALTAR
CLÁSSICO	TRADICIONAL
CORPO	VISUAL

7 - Ernährung

```
S A B O R I A N I M A T I V
D C L E V Á D U A S M U C K
I O C T T U W T O A A Q Q S
G M A T E I D R Y I R M J L
E E R Z W A T I L R G N B Ç
S S B P L Ç E E M O O E F L
T T O M R S M N P L R M G Z
Ã Í I P O O N T S A Ú D E P
O V D K T L T E S C C M G E
E E R I M Ç H E Ç V F P E S
O L A Z I J M O Í U F F Ç O
D K T P G V Z H A N I X O T
Q D O N E D A D I L A U Q K
K W S C E R E A L V J S W M
```

APETITE

AMARGO

DIETA

COMESTÍVEL

SABOR

SAUDÁVEL

SAÚDE

CEREAL

PESO

CALORIAS

CARBOIDRATOS

NUTRIENTE

PROTEÍNAS

QUALIDADE

MOLHO

TOXINA

DIGESTÃO

VITAMINA

8 - Länder #1

```
L A G E N E S Z Ç B V S N V
E E Z D W A E D Ç R I O I E
A U T A A L X Ç P A E L C N
R Q U Ô I B T X V S T E A E
S A N S N A E L B I N Q R Z
I R Z Y Ô I L A M L Ã O Á U
R I C Ç L D A I L Á T I G E
E O A M O N H N Y L E G U L
G Í N M P Â N Ê O X P G A A
I N A X M L A M O R Z D P U
T D D A H N M O H R U S P E
O I Á V Y I E R R D P E L S
Y A G K R F L E N A Ç C G X
E S P A N H A J O B M A C A
```

EGITO
BRASIL
ALEMANHA
FINLÂNDIA
ÍNDIA
IRAQUE
ISRAEL
ITÁLIA
CAMBOJA
CANADÁ

LETÔNIA
MALI
NICARÁGUA
NORUEGA
POLÔNIA
ROMÊNIA
SENEGAL
ESPANHA
VENEZUELA
VIETNÃ

9 - Technologie

```
N  I  D  D  Q  H  R  S  U  L  K  Y  H  S
F  N  A  V  V  B  O  B  O  I  V  Q  B  E
B  T  D  O  I  Q  D  C  U  R  S  O  R  G
L  E  O  V  S  R  A  L  E  T  A  S  O  U
O  R  S  C  S  E  T  Y  B  E  C  O  D  R
G  N  V  A  S  T  U  U  G  Y  I  F  A  A
G  E  Í  S  C  N  P  Q  A  K  T  T  G  N
M  T  R  I  F  O  M  A  A  L  S  W  E  Ç
R  B  U  U  I  F  O  E  R  E  Í  A  V  A
D  M  S  Q  X  D  C  T  Q  Ç  T  R  A  R
M  E  N  S  A  G  E  M  U  C  A  E  N  E
L  Y  X  E  Y  U  C  N  I  M  T  E  G  M
G  L  A  P  I  L  P  U  V  F  S  B  B  Â
D  I  G  I  T  A  L  T  O  X  E  Y  C  C
```

TELA
BLOG
NAVEGADOR
BYTES
COMPUTADOR
CURSOR
ARQUIVO
DADOS
DIGITAL
PESQUISA

INTERNET
CÂMERA
MENSAGEM
FONTE
SEGURANÇA
SOFTWARE
ESTATÍSTICAS
VIRTUAL
VÍRUS

10 - Wasser

```
K V A Q T D C V Q L X G X C
B J S Ç A R A D A I A Y Q H
G E A D A Y N K F P M G W U
E V D S R K A S X H O P O V
V E N N H F L M T P Ç R Y E
A N O I R G E Y S E R Z J I
P P C Ã I R R I G A Ç Ã O R
O O E V Ç Ç L B P X V Z O O
R T A M U N A J Z D Q I P H
A Á N E N Y O Ã C A R U F Y
Ç V O L L W U M C H U V A F
Ã E O Q J I N U N D A Ç Ã O
O L E G U M I D A D E Y E O
X M X I C H B B O N G P I I
```

IRRIGAÇÃO
VAPOR
CHUVEIRO
GELO
UMIDADE
RIO
INUNDAÇÃO
GEADA
GEYSER
FURACÃO

CANAL
MONÇÃO
OCEANO
CHUVA
NEVE
LAGO
POTÁVEL
EVAPORAÇÃO
ONDAS

11 - Science Fiction

```
F  G  S  Ô  B  O  R  K  L  R  T  I  D  I
F  U  T  U  R  I  S  T  A  E  E  M  I  L
S  F  D  S  V  R  U  M  I  A  C  A  S  U
C  A  O  J  Y  Á  E  U  P  L  N  G  T  S
B  I  Y  G  G  N  X  N  O  I  O  I  O  Ã
M  X  N  M  O  E  P  D  T  S  L  N  P  O
D  Á  H  E  R  C  L  O  U  T  O  Á  I  K
S  L  E  V  M  Ç  O  V  G  A  G  R  A  Z
Q  A  Ç  D  Y  A  S  T  D  R  I  I  P  G
S  G  E  A  O  V  Ã  X  Q  Ç  A  O  N  T
C  Z  J  D  E  S  O  R  V  I  L  J  H  W
X  J  Ç  R  P  E  X  T  R  E  M  O  K  L
P  L  A  N  E  T  A  O  R  Á  C  U  L  O
H  H  S  J  F  A  N  T  Á  S  T  I  C  O
```

LIVROS
DISTOPIA
EXPLOSÃO
EXTREMO
FANTÁSTICO
FOGO
FUTURISTA
GALÁXIA
ILUSÃO
IMAGINÁRIO

CINEMA
ORÁCULO
PLANETA
REALISTA
ROBÔS
CENÁRIO
TECNOLOGIA
UTOPIA
MUNDO

12 - Literatur

```
T A R O T U A C H A M E O P
D E N O L I T S E N C T Ã B
H T M Á M P O R H A F R Ç I
Q S K A L A M I R L Y A C O
Ç A R J U I N S I O L G I G
K R H R F G S C C G N É F R
P O É T I C O E E I A D D A
S F N C L F M I G A R I I F
U Á I O O C T B K T R A Á I
B T V D M N I B A O A J L A
D E F T U C R F U D D S O X
Q M L I B T O M I E O R G N
C O N C L U S Ã O N R C O O
D E S C R I Ç Ã O A T D L Z
```

ANALOGIA	METÁFORA
ANÁLISE	POÉTICO
ANEDOTA	RIMA
AUTOR	RITMO
DESCRIÇÃO	ROMANCE
BIOGRAFIA	CONCLUSÃO
DIÁLOGO	ESTILO
NARRADOR	TEMA
FICÇÃO	TRAGÉDIA
POEMA	

13 - Wandern

```
Y  M  U  C  P  E  N  H  A  S  C  O  E  U
X  M  Q  S  A  Z  E  R  U  T  A  N  U  S
H  Q  U  C  S  N  S  P  O  S  T  R  O  P
C  L  I  M  A  S  S  O  G  I  R  E  P  R
S  O  C  G  T  W  A  A  X  R  Y  S  M  E
E  S  J  B  O  F  I  P  D  Y  Y  H  E  P
C  U  M  E  B  E  U  A  E  O  W  V  T  A
V  I  J  X  Z  F  G  M  J  D  G  E  C  R
P  E  S  A  D  O  Á  T  Z  M  R  L  J  A
R  U  Ç  G  B  A  Q  G  W  A  Ç  A  K  Ç
M  O  N  T  A  N  H  A  U  X  I  F  S  Ã
A  N  I  M  A  I  S  M  Q  A  V  L  O  O
K  N  Y  U  O  R  I  E  N  T  A  Ç  Ã  O
A  C  A  M  P  A  M  E  N  T  O  S  Q  N
```

MONTANHA	ORIENTAÇÃO
ACAMPAMENTO	PESADO
GUIAS	SOL
PERIGOS	PEDRAS
CUME	BOTAS
MAPA	ANIMAIS
CLIMA	PREPARAÇÃO
PENHASCO	ÁGUA
CANSADO	TEMPO
NATUREZA	

14 - Länder #2

G	L	C	A	I	S	S	Ú	R	L	O	H	U	M
I	I	T	I	A	H	W	P	S	Ç	K	P	C	O
O	B	P	N	K	Ç	V	Z	L	D	O	L	R	R
D	É	W	Â	D	N	N	U	Z	C	E	Â	N
O	R	D	B	N	D	U	A	Q	S	I	N	N	U
Ã	I	G	L	E	O	S	J	R	F	X	E	I	G
T	A	J	A	P	Ã	O	Z	F	F	É	P	A	A
S	Ç	Z	G	R	D	A	C	I	A	M	A	J	N
I	I	N	H	I	U	L	A	S	K	V	L	B	D
U	M	L	L	W	S	G	R	É	C	I	A	F	A
Q	U	Ê	N	I	A	N	I	G	É	R	I	A	D
A	H	I	R	L	A	N	D	A	P	V	R	X	Y
P	E	T	I	Ó	P	I	A	C	Z	R	Í	R	S
Ç	W	R	X	H	Z	E	J	K	M	N	S	A	I

ALBÂNIA
ETIÓPIA
FRANÇA
GRÉCIA
HAITI
IRLANDA
JAMAICA
JAPÃO
QUÊNIA
LAOS

LIBÉRIA
MÉXICO
NEPAL
NIGÉRIA
PAQUISTÃO
RÚSSIA
SUDÃO
SÍRIA
UGANDA
UCRÂNIA

15 - Fahrzeuge

```
M R K A H J Q K G W L B A B
Y O Ã H N I M A C T A A Y I
J T T T M G T C S E M R T C
H A Y O Ã I V A A M B C Á I
Ç R N T R F N R I Ç R O X C
B T W G C O I P C M E R I L
R B V F A Y W C N T T R C E
C P U Q R D Ç V Â E A A A T
Ô N I B U S A Z L T U C R A
R O P S O O S H U E S S A J
T X Ç S I T L V B U U Z V Q
E X Q X K Ç A S M G M R A W
M T E N Q K B W A O O D N S
F U R G Ã O K B U F Q X A M
```

CARRO	MOTOR
BARCO	FOGUETE
ÔNIBUS	PNEUS
BICICLETA	LAMBRETA
BALSA	TÁXI
JANGADA	TRATOR
AVIÃO	METRÔ
AMBULÂNCIA	FURGÃO
CAMINHÃO	CARAVANA

16 - Musikinstrumente

```
L T P E S A X O F O N E F C
F A G O T E N O B M O R T S
P P T O L E C N O L O I V T
O R M I W S H A P V K E M C
B A R A A G B I Y I P K Ç E
O H Q F R G C P R O B M A T
É T H L Z I O N I L O I V E
W B A A T R M O V Ã E L W P
Z Q B U L C H B M O H O N M
N A A T X W J P A F G D D O
O D N A V X P S D Q H N D R
T Ç J P A N D E I R O A O T
J W O Ã S S U C R E P B J G
C L A R I N E T E T T N F F
```

BANJO	BANDOLIM
VIOLONCELO	MARIMBA
FAGOTE	GAITA
FLAUTA	OBOÉ
VIOLINO	TROMBONE
VIOLÃO	SAXOFONE
GONGO	PERCUSSÃO
HARPA	PANDEIRO
CLARINETE	TAMBOR
PIANO	TROMPETE

17 - Blumen

```
N M A Z G J L H W S K T K P
U A I N Ô E P A I R S M D É
D R N A R Q H L V B R O X T
W G Ê I Ê U Q U B A I H Y A
Z A D L Q D C O X Y N S A L
L R R Ó B X C P U F I D C A
I I A N L Ç F A B I N M A O
L D G G O M N P J I Q Ç I W
Á A J A S M I M P O P X R X
S L A M S G O R Q U Í D E A
Q T O U A M K V R O S A M U
J U A R R O N O E W J P U L
H O G I I F M U Q R Z G L S
A R M U G L Í R I O T L P G
```

PÉTALA
GARDÊNIA
MARGARIDA
HIBISCO
JASMIM
TREVO
LAVANDA
LILÁS
LÍRIO

MAGNÓLIA
PAPOULA
ORQUÍDEA
PEÔNIA
PLUMERIA
ROSA
GIRASSOL
BUQUÊ

18 - Natur

```
S  A  Z  E  L  E  B  A  R  M  Z  X  F  Ç
C  E  B  O  A  X  K  N  L  B  E  V  O  D
Ç  D  L  R  K  O  C  I  T  R  Á  A  L  M
T  F  K  V  I  U  I  M  H  V  V  B  H  O
R  L  Y  Z  A  G  L  A  T  I  V  E  A  N
O  O  G  B  S  G  O  I  D  D  D  L  G  T
P  R  O  N  E  R  E  S  O  W  O  H  E  A
I  E  Ã  P  W  E  A  M  N  V  S  A  M  N
C  S  S  P  A  C  Í  F  I  C  O  S  H  H
A  T  O  I  R  Á  U  T  N  A  S  A  D  A
L  A  R  G  E  L  E  I  R  A  R  I  O  S
X  R  E  D  I  N  Â  M  I  C  O  P  G  A
V  W  U  N  E  V  O  E  I  R  O  S  W  X
D  E  S  E  R  T  O  D  S  X  X  H  J  L
```

ÁRTICO	FOLHAGEM
MONTANHAS	VITAL
ABELHAS	NEVOEIRO
DINÂMICO	BELEZA
EROSÃO	ABRIGO
RIO	ANIMAIS
PACÍFICO	TROPICAL
GELEIRA	FLORESTA
SANTUÁRIO	SELVAGEM
SERENO	DESERTO

19 - Urlaub #2

```
P F P A I M F R S J Q L O D
A O R C L B L E V O K G Q X
S T A A D N E T R R J K G G
S O I M Y R T R E I Z T Y U
A S A P U K N O Z E A H L I
P A P A D C A P A G P D T E
O H K M E H R S L N A Ç O W
R N L E S H U N E A M M T P
T A G N T O A A T R E L S M
E T U T I M T R O T G E I Q
J N Á O N A S T H S A S V W
Y O M X O R E X C E I I Q U
L M G V I U R L Q E V X M D
P I Y P W A E R O P O R T O
```

ESTRANGEIRO
MONTANHAS
ACAMPAMENTO
AEROPORTO
FOTOS
LAZER
HOTEL
ILHA
MAPA
MAR

PASSAPORTE
VIAGEM
RESTAURANTE
PRAIA
TÁXI
TRANSPORTE
FERIADO
VISTO
TENDA
DESTINO

20 - Zirkus

```
U  P  E  S  P  E  C  T  A  D  O  R  M  A
S  Ç  R  Q  M  R  A  S  N  V  L  T  A  C
E  T  N  A  F  E  L  E  I  Z  N  H  L  R
Õ  T  E  M  L  B  I  L  H  E  T  E  A  O
L  E  R  A  A  U  M  Á  G  I  C  O  B  B
A  N  O  A  X  J  C  D  D  E  L  F  A  A
B  T  P  C  J  B  M  A  G  I  A  E  R  T
C  R  A  I  P  E  M  D  T  P  D  L  I  A
Ç  E  L  S  L  U  T  O  Ã  E  L  I  S  D
J  T  H  Ú  D  Q  L  C  A  R  P  F  T  N
I  E  A  M  M  U  R  A  Y  G  T  S  A  E
A  R  Ç  M  K  R  I  C  Ç  I  V  E  E  T
X  F  O  K  F  T  P  A  U  T  T  D  K  M
Z  I  X  D  S  I  A  M  I  N  A  Q  F  Ç
```

MACACO
ACROBATA
BALÕES
PALHAÇO
ELEFANTE
BILHETE
MALABARISTA
TRAJE
LEÃO
MAGIA

MÚSICA
DESFILE
ESPETACULAR
ANIMAIS
TIGRE
TRUQUE
ENTRETER
MÁGICO
TENDA
ESPECTADOR

21 - Barbecues

```
S  P  I  M  E  N  T  A  F  C  E  L  A  S
A  S  H  S  R  G  O  Ã  R  E  V  E  F  U
Ç  M  E  B  O  O  P  F  U  A  I  G  U  C
N  F  I  J  H  M  V  E  T  N  E  U  Q  F
A  S  G  G  L  K  S  I  A  R  Z  M  M  L
I  O  T  G  O  G  N  A  R  F  Y  E  D  Q
R  U  Q  G  M  S  A  D  A  L  A  S  A  W
C  Q  E  F  L  Ú  J  T  W  Y  I  A  U  W
G  R  E  L  H  A  S  A  C  F  L  C  E  I
R  Y  M  T  J  Q  S  I  N  P  Í  A  T  K
O  A  O  J  O  G  O  S  C  T  M  F  M  D
T  W  F  A  L  M  O  Ç  O  A  A  Q  Ç  W
K  M  C  W  N  Q  L  L  S  O  F  R  A  G
D  R  K  N  E  G  B  Ç  S  D  B  V  Y  I
```

JANTAR	CRIANÇAS
FAMÍLIA	FACAS
AMIGOS	ALMOÇO
FRUTA	MÚSICA
GARFOS	PIMENTA
LEGUMES	SALADAS
GRELHA	SAL
QUENTE	VERÃO
FRANGO	MOLHO
FOME	JOGOS

22 - Küche

```
O E L Ç G S Q R C O M E R E
O A I Ç A H L E R G V Y U H
T T Y N R I H Z M J H E Z Q
G I R E F D P E Z U A O L K
P E G X O L E E J P W R N G
T C L E S R Ç R K V G K R U
Z E W A L B B F A C A S H O
R R Z N D A E S P O N J A N
T P N J Ç E A V E N T A L R
H Z S O H N I Z U A P T E O
C O N C H A Z R K E F X X F
F W A C U P S D A C N L T J
C O L H E R E S O Y T Ç G V
H E S P E C I A R I A S N F
```

COMER
PAUZINHOS
GARFOS
FREEZER
ESPECIARIAS
GRELHA
CONCHA
JARRO
GELADEIRA

COLHERES
FACAS
FORNO
RECEITA
AVENTAL
TIGELA
ESPONJA
CUPS

23 - Geographie

```
G W E U L O C E A N O T C A
C O X Q Q I K T E G I E X L
F N R J U R V S K C R R L T
M A P A K A B E B B É R A I
Y I N O U M D O K A F I T T
U D C M B B E O B T S T I U
M I M S A L T A R A I Ó T D
Q R G Í R R J A N H M R U E
K E B A Q E C H L N E I D D
Y M Z P F T G L M A H O E A
M U N D O R T I M T K R F D
K O T S Y O Q Q Ã N C K X I
K E T N E N I T N O C S G C
Ç Q H O N C L W D M L D C P
```

ATLAS	CONTINENTE
EQUADOR	PAÍS
MONTANHA	MAR
LATITUDE	MERIDIANO
RIO	NORTE
TERRITÓRIO	OCEANO
HEMISFÉRIO	REGIÃO
ALTITUDE	CIDADE
ILHA	MUNDO
MAPA	OESTE

24 - Zahlen

```
D  D  D  K  D  N  U  D  E  Z  S  O  C  R
G  L  E  E  V  O  N  B  T  T  I  H  I  V
J  M  S  Z  Z  E  I  K  N  L  E  O  N  I
J  Z  G  R  O  E  D  U  I  A  S  S  C  F
T  R  E  Z  E  I  N  Z  V  M  S  I  O  U
O  E  S  R  K  X  T  O  Y  I  E  E  O  Y
V  F  Y  A  W  B  G  O  V  C  Z  S  R  O
Z  J  N  V  C  T  W  O  J  E  E  Ê  A  I
L  N  U  E  Y  G  F  R  Q  D  D  R  T  T
D  O  Z  E  G  V  U  T  G  L  S  T  X  O
I  B  G  V  J  Q  U  A  T  O  R  Z  E  X
F  B  F  T  E  N  J  U  D  R  V  H  Q  K
D  O  I  S  N  H  H  Q  X  E  V  V  C  V
D  E  Z  E  S  S  E  T  E  Z  N  I  U  Q
```

OITO

DEZOITO

DECIMAL

TRÊS

TREZE

CINCO

QUINZE

NOVE

DEZENOVE

ZERO

SEIS

DEZESSEIS

SETE

DEZESSETE

QUATRO

QUATORZE

DEZ

VINTE

DOIS

DOZE

25 - Tage und Monate

```
J  S  Q  S  E  T  E  M  B  R  O  N  A  B
U  E  O  U  Z  O  H  L  U  J  R  U  J  S
N  X  U  M  I  G  K  W  D  Ç  B  A  A  E
H  T  T  Ê  Q  N  Ç  D  V  Y  M  G  N  G
O  A  U  S  X  I  T  C  O  K  E  O  E  U
R  F  B  V  N  M  T  A  N  E  Z  S  I  N
U  E  R  F  P  O  J  E  F  B  E  T  R  D
J  I  O  R  F  D  R  S  R  E  D  O  O  A
O  R  I  E  R  E  V  E  F  Ç  I  L  W  F
Q  A  S  Á  B  A  D  O  E  Z  A  R  D  E
Q  U  A  R  T  A  F  E  I  R  A  O  A  I
O  Z  C  A  L  E  N  D  Á  R  I  O  N  R
N  O  V  E  M  B  R  O  X  K  Q  Q  I  A
S  E  M  A  N  A  N  H  T  M  R  Q  L  X
```

AGOSTO	CALENDÁRIO
DEZEMBRO	QUARTA-FEIRA
TERÇA	MÊS
QUINTA-FEIRA	SEGUNDA-FEIRA
FEVEREIRO	NOVEMBRO
SEXTA-FEIRA	OUTUBRO
ANO	SÁBADO
JANEIRO	SETEMBRO
JULHO	DOMINGO
JUNHO	SEMANA

26 - Das Unternehmen

```
I  I  O  Ã  S  I  C  E  D  Q  O  I  A  P
P  N  C  O  F  V  R  M  N  U  R  N  P  R
I  O  V  P  I  K  O  P  O  A  I  D  R  O
O  S  S  E  R  G  O  R  P  L  N  Ú  E  F
W  E  O  S  S  T  V  E  K  I  O  S  S  I
B  D  S  E  I  T  Ç  G  O  D  V  T  E  S
R  A  R  Z  Z  B  I  O  G  A  A  R  N  S
I  D  U  U  O  H  I  M  S  D  D  I  T  I
S  I  C  Y  V  A  P  L  E  E  O  A  A  O
C  N  E  G  Ó  C  I  O  I  N  R  N  Ç  N
O  U  R  G  L  O  B  A  L  D  T  Ç  Ã  A
S  C  R  I  A  T  I  V  O  Y  A  O  O  L
P  R  O  D  U  T  O  R  R  Z  B  D  E  W
F  E  S  N  N  Q  J  A  T  I  E  C  E  R
```

EMPREGO	INVESTIMENTO
UNIDADES	CRIATIVO
RECEITA	POSSIBILIDADE
DECISÃO	APRESENTAÇÃO
PROGRESSO	PRODUTO
NEGÓCIO	PROFISSIONAL
GLOBAL	QUALIDADE
INDÚSTRIA	RECURSOS
INOVADOR	RISCOS

27 - Kräuterkunde

```
E  T  L  A  V  A  N  D  A  U  Q  I  B  M
X  S  O  M  A  N  J  E  R  O  N  A  E  A
J  B  T  M  Q  V  W  A  A  C  A  F  N  N
B  J  S  R  I  A  K  E  L  U  R  U  É  J
Z  J  Y  V  A  L  K  O  H  L  O  N  F  E
O  Q  H  I  M  G  H  K  O  I  M  C  I  R
O  W  K  K  S  B  Ã  O  G  N  Á  H  C  I
E  N  D  R  O  A  M  O  Y  Á  T  O  O  C
M  Z  M  F  Ç  L  F  O  Q  R  I  U  Ã  Ã
P  Y  P  J  H  E  W  L  F  I  C  S  R  O
H  U  P  Ç  C  C  V  Ç  O  O  O  J  F  K
V  E  R  D  E  R  F  Y  T  R  O  B  A  S
S  A  L  S  A  I  W  A  Z  R  H  E  Ç  R
Q  U  N  R  A  M  I  D  R  A  J  Ç  A  D
```

AROMÁTICO	ALHO
MANJERICÃO	CULINÁRIO
FLOR	LAVANDA
ENDRO	MANJERONA
ESTRAGÃO	SALSA
FUNCHO	ALECRIM
JARDIM	AÇAFRÃO
SABOR	TOMILHO
VERDE	BENÉFICO

28 - Aktivitäten und Freizeit

```
B D Q R P F U T E B O L Z V
A T S Q E E T G D B Q P T J
S I Z B F L S Ê K O D I C C
Q T M Y R O A C N M Z N A J
U L T H U B W X A I K T F A
E A F J S E Y Y A M S U G R
T D Z Z X S L M E N I R O D
E I I S E I B B O H T A L I
A R T E M E G A I V X E F N
J R T Q F B W L Q W I G E A
U O B V O L E I B O L B N G
A C A M P A M E N T O O Ç E
N A T A Ç Ã O R S Ç W X K M
M E R G U L H O M B Ç E U Q
```

PESCA
BEISEBOL
BASQUETE
BOXE
ACAMPAMENTO
RELAXANTE
FUTEBOL
JARDINAGEM
PINTURA
GOLFE

HOBBIES
ARTE
VIAGEM
CORRIDA
NATAÇÃO
SURFE
MERGULHO
TÊNIS
VOLEIBOL

29 - Formen

```
L Y P R O C R A P D Q M M T
D N I E N V U P F U G M Y R
C Z R T O Q A B H T M S X I
I J Â Â G Z M L O D A L L Â
L T M N Í E S P I L E J J N
I V I G L L I C U R V A S G
N V D U O O R E S F E R A U
D E E L P B P R Ç T K C S L
R S B O R R O A V E S Í R O
O G B U T É B U H H S R Q A
C A N T O P Z R E N O C G U
B U U T B I E S M V I U E A
D N B H W H O J A C B L E B
Q U A D R A D O Ç P X O Ç Z
```

ARCO	OVAL
TRIÂNGULO	POLÍGONO
CANTO	PRISMA
ELIPSE	PIRÂMIDE
HIPÉRBOLE	QUADRADO
CONE	RETÂNGULO
CÍRCULO	LADO
ESFERA	CUBO
CURVA	CILINDRO
LINHA	

30 - Musik

```
O  U  V  O  H  Q  O  J  M  I  H  N  Ç  M
C  B  Z  C  L  A  C  I  S  U  M  H  C  Y
L  A  A  I  M  R  R  P  B  A  L  A  D  A
Í  R  N  M  D  E  A  M  O  C  I  S  Ú  M
R  I  A  T  I  P  T  N  Ô  É  M  P  I  E
I  T  Q  Í  O  Ó  N  Z  Z  N  T  C  S  N
C  M  G  R  T  R  A  F  I  Z  I  I  F  O
O  O  R  F  J  A  C  M  Ç  X  Z  C  C  F
I  N  S  T  R  U  M  E  N  T  O  Z  O  O
I  M  P  R  O  V  I  S  A  R  L  E  R  R
C  L  Á  S  S  I  C  O  V  N  P  A  O  C
E  E  V  P  N  B  T  E  M  P  O  S  C  I
M  U  G  R  R  X  W  A  I  D  O  L  E  M
Á  L  B  U  M  H  A  R  M  O  N  I  A  E
```

ÁLBUM
BALADA
CORO
HARMONIA
HARMÔNICO
IMPROVISAR
INSTRUMENTO
CLÁSSICO
LÍRICO
MELODIA

MICROFONE
MUSICAL
MÚSICO
ÓPERA
POÉTICO
RÍTMICO
RITMO
CANTOR
CANTAR
TEMPO

31 - Antiquitäten

```
Y  T  O  Q  X  M  E  T  I  R  W  O  G  C
Q  P  C  O  A  T  S  A  I  S  U  T  N  E
B  R  I  F  I  X  C  A  A  S  G  B  S  M
L  J  T  O  W  T  U  S  R  H  O  D  X  O
E  T  N  A  G  E  L  E  I  U  U  M  Q  E
D  S  Ê  W  Q  J  T  A  P  Q  T  N  D  D
A  U  T  Z  O  M  U  R  E  Q  M  N  W  A
D  G  U  I  H  U  R  T  A  U  W  U  I  S
I  Q  A  R  L  M  A  E  J  O  Ç  E  R  P
L  M  O  S  E  O  V  G  A  L  E  R  I  A
A  B  Q  K  V  C  Q  A  Z  Ç  M  I  D  W
U  E  K  L  C  N  F  O  L  U  C  É  S  L
Q  O  I  R  Á  I  L  I  B  O  M  O  F  W
D  E  C  O  R  A  T  I  V  O  R  D  A  X
```

VELHO	ARTE
ITEM	MOBILIÁRIO
AUTÊNTICO	MOEDAS
DECORATIVO	PREÇO
ELEGANTE	QUALIDADE
ENTUSIASTA	ESCULTURA
GALERIA	ESTILO
PINTURAS	INCOMUM
SÉCULO	VALOR

32 - Adjektive #2

```
X T L E C O M E S T Í V E L
O S O H L U G R O J F O L R
Z L W Ç A E F A M I N T O E
F A C Q M J G T G H Q G M S
A R P G R O S A F O R T E P
U U E Ç O P A D N Z R N Ç O
T T N S N I U H X T H V O N
Ê A P A C Q D P C O E J J S
N N A D N O Á N U D N K I Á
T A F P T O V I T A I R C V
I R S V R I E O K G I D J E
C O J T K W L C N L N B F L
O K T A X Ç D X F A M O S O
P R O D U T I V O S N Z A J
```

AUTÊNTICO   NATURAL
FAMOSO   NOVO
ELEGANTE   NORMAL
COMESTÍVEL   PRODUTIVO
FRESCO   SALGADO
SAUDÁVEL   FORTE
FAMINTO   ORGULHOSO
CRIATIVO   RESPONSÁVEL

33 - Kleidung

```
V F T R I G S G T E S T M S
E C P T U P R B Y N A H O A
S C O F D L U V A S I J D N
T Z I J A S I M A C A X A D
I X Q Y T W W S O T N I C Á
D U G L E N Ç O U Ç W F A L
O D É N U X J T C É F L L I
L F C P Q L D A Ç A T C Ç A
S X A M A J I P Y S S E A S
R N P M J H Ç A K U C A R L
J E A N S T C S C L O O C D
M P U L S E I R A B L O D I
X Ç A V E N T A L T A X Y B
Z H P U B R G O P J R N D K
```

PULSEIRA
BLUSA
CINTO
COLAR
LUVAS
CAMISA
CALÇA
CHAPÉU
JAQUETA
JEANS

VESTIDO
CASACO
MODA
SUÉTER
SAIA
SANDÁLIAS
LENÇO
PIJAMA
SAPATO
AVENTAL

34 - Haus

```
P E S C A D A G B C H W E E
E A R I E R A L U H C N W L
S C R Q N E R D H A T R O P
P E Ç E Z E U M L M M A Q L
E T R Y D Ç O U M I D R A J
L O T E T E S Ã I N P A Q C
H I C V Y K S C T É H X U O
O L P A J W A K H Ó M Ç A Z
D B G A E W V D S A S I R I
A I J A N E L A R I V H T N
H B C E R C A P B F L E O H
L M O B I L I Á R I O X S A
E G A R A G E M E E Ç C G L
T G E C H U V E I R O E C A
```

VASSOURA
BIBLIOTECA
TELHADO
SÓTÃO
TETO
CHUVEIRO
JANELA
GARAGEM
JARDIM
LAREIRA

COZINHA
MOBILIÁRIO
CHAVES
CHAMINÉ
ESPELHO
ESCADA
PORTA
PAREDE
CERCA
QUARTO

35 - Bauernhof #1

```
A  C  V  S  W  A  F  C  C  Ç  Y  T  O  F
R  L  U  A  R  R  E  T  E  O  R  R  F  N
I  I  N  U  C  B  N  M  N  R  M  E  L  A
Z  G  X  G  Q  A  O  V  R  O  C  G  M  M
P  G  E  Á  P  C  A  W  G  K  E  A  P  Q
Y  O  X  D  A  O  T  Y  A  E  R  L  N  I
A  R  R  O  Z  W  R  H  T  V  C  U  Q  A
F  R  A  N  G  O  S  C  O  C  G  U  I  B
L  U  C  I  L  V  B  Ç  O  O  Ç  Ç  J  E
T  B  A  R  U  T  L  U  C  I  R  G  A  L
C  V  M  J  V  N  Y  Z  R  C  Ã  O  N  H
R  C  P  B  E  Z  E  R  R  O  E  N  H  A
Ç  Y  O  L  A  V  A  C  M  T  R  K  Z  D
F  E  R  T  I  L  I  Z  A  N  T  E  Q  N
```

ABELHA
FERTILIZANTE
BURRO
CAMPO
FENO
MEL
FRANGO
CÃO
BEZERRO
GATO

CORVO
VACA
TERRA
AGRICULTURA
CAVALO
ARROZ
PORCO
ÁGUA
CERCA
CABRA

36 - Regierung

```
O  D  Ç  O  I  E  S  N  L  E  I  D  K  P
P  A  O  P  A  S  Í  A  B  O  C  I  M  A
I  O  P  Q  W  T  M  C  X  Ã  P  S  N  C
J  G  L  H  Q  A  B  I  W  S  O  C  O  Í
N  H  U  Í  G  D  O  O  U  S  O  U  T  F
S  A  E  A  T  O  L  N  R  U  T  R  N  I
A  H  Ç  I  L  I  O  A  O  C  I  S  E  C
K  E  C  Ã  M  D  C  L  Z  S  R  O  M  O
N  E  L  Z  O  E  A  A  Ç  I  T  S  U  J
F  C  I  V  I  L  H  D  R  D  S  U  N  R
A  I  C  A  R  C  O  M  E  D  I  L  O  E
D  I  R  E  I  T  O  S  D  Z  D  N  M  F
S  Q  S  C  V  F  Ç  C  Í  Ç  E  Q  A  E
E  D  A  D  R  E  B  I  L  D  Q  N  Z  Z
```

DISTRITO	IGUALDADE
DEMOCRACIA	NAÇÃO
MONUMENTO	NACIONAL
DISCUSSÃO	POLÍTICA
LIBERDADE	DIREITOS
PACÍFICO	DISCURSO
LÍDER	ESTADO
JUSTIÇA	SÍMBOLO
LEI	CIVIL

37 - Berufe #1

```
R  E  W  M  C  C  M  W  J  Ç  U  M  D  C
V  U  W  T  J  P  O  E  E  J  S  D  O  A
J  E  W  Z  Q  B  Q  N  C  L  G  C  U  Ç
O  Y  T  H  Ç  N  A  Z  T  Â  J  T  T  A
A  B  Q  E  E  K  Y  Ç  H  A  N  S  O  D
L  O  N  I  R  A  Ç  N  A  D  D  I  R  O
H  W  A  T  S  I  N  A  I  P  Q  O  C  R
E  S  S  O  M  O  N  Ô  R  T  S  A  R  O
I  G  U  X  P  Q  J  Á  E  X  S  N  A  G
R  X  H  A  R  I  E  M  R  E  F  N  E  O
O  D  A  G  O  V  D  A  H  I  J  B  E  L
C  A  R  T  Ó  G  R  A  F  O  O  W  Z  Ó
E  Ç  S  L  R  O  D  A  X  I  A  B  M  E
A  R  T  I  S  T  A  M  Ú  S  I  C  O  G
```

DOUTOR	ENFERMEIRA
ASTRÔNOMO	ARTISTA
EMBAIXADOR	MECÂNICO
CONTADOR	MÚSICO
GEÓLOGO	PIANISTA
CAÇADOR	ADVOGADO
JOALHEIRO	DANÇARINO
CARTÓGRAFO	VETERINÁRIO

38 - Adjektive #1

```
E  M  C  O  E  F  N  A  P  L  D  S  Z  I
D  H  Z  Y  T  T  V  R  E  E  A  Q  E  M
G  D  I  U  N  N  U  O  S  N  T  Z  S  P
B  E  L  A  E  T  Ç  M  A  T  R  G  C  O
X  V  E  Y  C  B  G  Á  D  O  A  A  U  R
L  S  F  E  O  I  K  T  O  C  E  B  R  T
O  C  I  T  N  Ê  D  I  V  I  N  S  O  A
Z  C  M  C  I  K  Ç  C  I  T  T  O  E  N
H  O  N  E  S  T  O  O  T  S  E  L  N  T
P  E  R  F  E  I  T  O  A  Í  Ç  U  O  E
C  K  A  W  T  N  O  D  D  T  Ç  T  R  F
V  A  L  I  O  S  O  N  N  R  S  O  M  P
M  O  D  E  R  N  O  U  I  A  Y  F  E  V
X  G  J  G  O  P  K  F  C  F  H  R  Q  V
```

ABSOLUTO
ATIVO
AROMÁTICO
ATRAENTE
ESCURO
FINO
HONESTO
FELIZ
IDÊNTICO
ARTÍSTICO

LENTO
MODERNO
PERFEITO
ENORME
BELA
PESADO
FUNDO
INOCENTE
VALIOSO
IMPORTANTE

39 - Geometrie

```
S H Q M P L G A E O Ç H C F
U O U A R W A L T U R A Á S
P R A S O Ã Ç A U Q E O L I
E I D S P C Q M I I N O C M
R Z R A O Q U Y E R M Y U E
F O A Ç R U G R R G O R L T
Í N D Y Ç U S O V D R E O R
C T O E Ã Z N Ã T A T C T I
I A Ç U O G L S T L E Í N A
E L S E G M E N T O M R Ú J
L Ó G I C A D E D B Â C M Q
T Â N G U L O M Q E I U E Q
F O L U G N Â I R T D L R X
O N O M F Y J D J K Ç O O W
```

PROPORÇÃO	LÓGICA
CÁLCULO	MASSA
DIMENSÃO	NÚMERO
TRIÂNGULO	SUPERFÍCIE
DIÂMETRO	QUADRADO
EQUAÇÃO	SEGMENTO
HORIZONTAL	SIMETRIA
ALTURA	TEORIA
CÍRCULO	ÂNGULO
CURVA	

40 - Jazz

```
F  A  M  O  S  O  W  V  Z  S  Ç  B  S  U
T  A  L  E  N  T  O  E  N  B  T  X  O  Ç
G  M  V  R  K  D  C  L  G  M  U  B  L  Á
Y  Ú  C  O  U  D  M  H  N  Ê  E  B  O  Ç
S  S  A  L  R  S  J  O  P  G  N  B  T  D
O  I  N  I  O  Q  C  T  T  Z  J  E  D  J
T  C  Y  T  T  G  U  R  Q  Z  M  L  R  A
I  O  W  S  I  R  N  E  V  Ç  A  H  T  O
R  S  B  E  S  G  O  C  S  P  P  Z  É  S
O  I  N  Z  O  X  V  N  M  T  F  D  C  U
V  H  T  S  P  K  O  O  I  U  R  I  N  A
A  S  R  M  M  T  V  C  D  Z  Ç  A  I  L
F  Ç  S  T  O  A  R  T  I  S  T  A  C  P
M  Ú  S  I  C  A  C  A  N  Ç  Ã  O  A  A
```

ÁLBUM	MÚSICA
VELHO	MÚSICOS
APLAUSO	NOVO
FAMOSO	ORQUESTRA
FAVORITOS	RITMO
GÊNERO	SOLO
COMPOSITOR	ESTILO
CONCERTO	TALENTO
ARTISTA	TÉCNICA
CANÇÃO	

41 - Mathematik

```
P E R Í M E T R O L P Q F Y
G P T D V O L U M E O U R I
E A Â N E T N A N K L A A A
O R N O E C L Y R X Í D Ç R
M A G L U O I U Y I G R Ã E
E L U U V F P M R U O A O Q
T E L G G X R X A Z N D S U
R L O N V D A I E L O O Ç A
I O S Â T A I R T E M I S Ç
A E E I J M O B P R D L D Ã
O M A R G O L E L A R A P O
X P B T C S D I Â M E T R O
A R I T M É T I C A Z D U L
P E R P E N D I C U L A R P
```

ARITMÉTICA	POLÍGONO
FRAÇÃO	QUADRADO
DECIMAL	RAIO
TRIÂNGULO	PERPENDICULAR
DIÂMETRO	SOMA
EXPOENTE	SIMETRIA
GEOMETRIA	PERÍMETRO
EQUAÇÃO	VOLUME
PARALELO	ÂNGULOS
PARALELOGRAMO	

42 - Messungen

```
P R O F U N D I D A D E T H
Z P P I T G D A R U T L A W
N T P I Ç B C S I D O I R K
Z Q T H O T G S Ç J U X B H
M P U Q Z R U A R U G R A L
E E T I Q L A M I C E D E X
O N Ç A L O R N E M U L O V
T V P D S O G G T T B G F K
U G E A U Y G C Y H R U A A
N H S L N G M R B Ç R O E S
I O O E O F D W A M A R G O
M T L N M M A K T M W T U V
A Q A O J P G A Z E A I D O
S O R T E M Ô L I U Q L G Ç
```

LARGURA
BYTE
DECIMAL
PESO
GRAU
GRAMA
ALTURA
QUILOGRAMA
QUILÔMETRO

LITRO
MASSA
METRO
MINUTO
PROFUNDIDADE
TONELADA
ONÇA
VOLUME

43 - Psychologie

```
I  N  F  Â  N  C  I  A  K  E  W  S  C  K
L  Q  O  A  Q  A  Y  P  Y  G  Ç  O  O  P
X  D  C  B  X  O  Ç  V  Q  O  C  N  M  E
Ç  T  I  C  O  G  N  I  Ç  Ã  O  H  P  R
P  E  N  S  A  M  E  N  T  O  S  O  R  S
Y  A  Í  V  K  Q  O  L  I  U  E  S  O  O
M  K  L  A  V  A  L  I  A  Ç  Ã  O  M  N
A  E  C  P  E  R  C  E  P  Ç  Ã  O  I  A
I  N  C  O  N  S  C  I  E  N  T  E  S  L
P  S  E  N  S  A  Ç  Ã  O  Ç  T  E  S  I
A  C  O  N  F  L  I  T  O  J  K  D  O  D
R  I  N  F  L  U  Ê  N  C  I  A  S  G  A
E  T  N  E  I  C  S  N  O  C  B  U  S  D
T  P  R  O  B  L  E  M  A  H  N  B  A  E
```

AVALIAÇÃO	PERSONALIDADE
INCONSCIENTE	PROBLEMA
EGO	SENSAÇÃO
INFLUÊNCIAS	COMPROMISSO
PENSAMENTOS	TERAPIA
INFÂNCIA	SONHOS
CLÍNICO	SUBCONSCIENTE
COGNIÇÃO	PERCEPÇÃO
CONFLITO	

44 - Bauernhof #2

```
L A T E G E V K E P I Ç C A
L H Q V L I R O T A R T O K
H V A R P U B O O S Z M R Q
O F N M D X A S O T C C D Y
L Ç S I A M I N A O O E E O
O Ã Ç A G I R R I R O L I T
T V A X Y R E A E S D E R R
A V E T I E L X M T W I O I
P T S L E K P X L O P R R G
T B N D H B Z B O H P O U O
J T Q K E A H A C L W P D D
X G O R O T L U C I R G A A
C E V A D A M I N M E H M R
F R U T A J I Q Y Y E M Z P
```

AGRICULTOR
IRRIGAÇÃO
COLMEIA
PATO
FRUTA
VEGETAL
CEVADA
LHAMA
CORDEIRO
MILHO

LEITE
POMAR
MADURO
OVELHA
PASTOR
CELEIRO
ANIMAIS
TRATOR
TRIGO
PRADO

45 - Gartenarbeit

```
R  E  X  Ê  U  Q  U  B  D  F  M  I  B  M
R  X  O  F  L  M  V  M  O  O  L  O  S  A
E  Ó  T  H  L  O  I  E  N  L  A  D  E  N
C  T  S  N  K  O  A  D  B  H  B  R  I  G
I  I  O  A  H  T  R  U  A  A  F  F  C  U
P  C  P  S  Z  Á  G  U  A  D  M  D  É  E
I  O  M  L  E  O  L  X  A  S  E  N  P  I
E  C  O  K  V  Z  N  K  Ç  X  G  S  S  R
N  I  C  L  I  M  A  A  K  D  A  W  E  A
T  N  J  W  B  Y  Y  W  L  R  H  D  Z  A
E  Â  S  E  M  E  N  T  E  S  L  V  V  J
N  T  S  U  J  E  I  R  A  T  O  W  Y  X
E  O  D  P  O  M  A  R  G  E  F  X  H  C
C  B  C  C  O  M  E  S  T  Í  V  E  L  I
```

ESPÉCIES
FOLHA
FLOR
SOLO
BOTÂNICO
RECIPIENTE
COMESTÍVEL
EXÓTICO
UMIDADE
CLIMA

COMPOSTO
FOLHAGEM
POMAR
SEMENTES
SAZONAL
MANGUEIRA
SUJEIRA
BUQUÊ
ÁGUA

46 - Berufe #2

```
L  B  G  Ç  U  D  W  O  G  J  J  N  P  B
S  M  O  R  I  E  N  I  D  R  A  J  I  V
O  R  I  E  H  N  E  G  N  E  E  Y  L  E
I  O  L  U  U  T  P  I  N  T  O  R  O  F
W  B  R  O  Ã  I  G  R  U  R  I  C  T  O
Y  H  X  R  O  S  S  E  F  O  R  P  O  G
J  I  B  O  T  T  I  U  N  I  F  G  B  O
O  R  O  H  F  A  T  S  I  U  G  N  I  L
B  I  B  L  I  O  T  E  C  Á  R  I  O  Ó
M  É  D  I  C  O  S  E  Y  F  D  S  W  I
Z  O  Ó  L  O  G  O  Ó  F  T  U  A  U  B
I  N  V  E  N  T  O  R  L  I  Q  J  W  Ç
F  O  T  Ó  G  R  A  F  O  I  O  Y  F  Y
I  L  U  S  T  R  A  D  O  R  F  M  A  L
```

MÉDICO
BIBLIOTECÁRIO
BIÓLOGO
CIRURGIÃO
INVENTOR
FOTÓGRAFO
JARDINEIRO
ILUSTRADOR

ENGENHEIRO
PROFESSOR
LINGUISTA
PINTOR
FILÓSOFO
PILOTO
DENTISTA
ZOÓLOGO

47 - Erforschung

```
T P G J H B D L Í N G U A Q
R E O Ã Ç A N I M R E T E D
A D R T B O A O S L U U W V
T E E R Q O Ã Ç A T I C X E
I S D M E G A I V X A Q D E
V C N Y X N N O V O E N E S
I O E O J S O G I R E P T K
D N R Ã N M E M M B S B C E
A H P T H E Y T E X U V H E
D E A S S Z V V G O M S Y T
E C C U L T U R A S D N C W
I I H A F R G P R Q I Ç I A
X D I X K Q Ç C O Ç A P S E
K O Q E U I T J C F Ç Ç I R
```

ATIVIDADE
EXCITAÇÃO
DETERMINAÇÃO
EXAUSTÃO
DISTANTE
PERIGOS
TERRENO
CULTURAS

APRENDER
CORAGEM
NOVO
ESPAÇO
VIAGEM
LÍNGUA
BUSCA
DESCONHECIDO

48 - Wetter

```
V T E M P E S T A D E T U A
Q E S M U N M N O M V B P T
H H N E B Y Ç K Ã M V Ç F M
K U U T C T Ç B C O Q Y Z O
S E C O O A O D A N R O T S
V V C T X A H F R Ç G R W F
F P H R A L O P U Ã H X M E
H H Y O S N Ã V F O U C Y R
I N N P I I V C L I M A É A
A U S I R Í O C R A V C E U
Ç V O C B O R I E O V E N O
G E A A R U T A R E P M E T
Z M I L R E L Â M P A G O Q
G E L O H D E W S C U L M I
```

ATMOSFERA
RELÂMPAGO
BRISA
TROVÃO
SECA
GELO
CÉU
FURACÃO
CLIMA
MONÇÃO

NEVOEIRO
POLAR
ARCO-ÍRIS
TEMPESTADE
TEMPERATURA
TORNADO
SECO
TROPICAL
VENTO
NUVEM

49 - Chemie

```
M O L É C U L A P C Y I Ç Z
K Ã N U C L E A R A R T P I
N Ç C M V Ç W N O R T É L E
T A Z N E V W O D B O O P S
A E P E S O W R A O Á D E Ç
E R A Ç A T G G S N C I Y A
A N R Z A L Á Â I O I U X L
L M Z Y J R S N L H D Q L J
C E M I S A T I A A O Í O R
A J F K M Z T C T C A L O R
L C J M J A N O A D P I I E
I T C L O R O C C Í O N S U
N B W B W O X I G É N I O W
O J P Y C S A L Ç L Y T J G
```

ALCALINO
CLORO
ELÉTRON
ENZIMA
LÍQUIDO
GÁS
PESO
CALOR
ÍON

CATALISADOR
CARBONO
MOLÉCULA
NUCLEAR
ORGÂNICO
REAÇÃO
SAL
OXIGÉNIO
ÁCIDO

50 - Gesundheit und Wellness #2

```
C A L O R I A N I M A T I V
S A U D Á V E L L A P D M D
R X R L A E U G N A S K Z R
E P D L N E N E I G I H M O
S A V O A I M E G A S S A M
T C D B T A N D R U L H P D
R I M R O D L F B G S Z E O
E T B F M A T E E A I G S E
S É Y Y I E K S R C Y A O N
S N C W A T E I D G Ç U R Ç
E E R I S C O S K A I Ã S A
H G X C E E T I T E P A O Y
H O S P I T A L Y P G B J Z
E S P O R T E S G P W V G U
```

ALERGIA
ANATOMIA
APETITE
SANGUE
DIETA
ENERGIA
GENÉTICA
SAUDÁVEL
PESO
HIGIENE

INFECÇÃO
CALORIA
HOSPITAL
DOENÇA
MASSAGEM
RISCOS
DORMIR
ESPORTES
ESTRESSE
VITAMINA

51 - Ozean

```
G R M E Ç L V F L G N S H A
S O J E U G N A R A C A O T
B C L M I Ç Ç S P G D L S U
Z B O F T A R T A R U G A M
T A Ã R I F P S I E G Y D N
E R R S A N R D U K V C N J
M C A E S L H O G E D Z O S
P O M Q Z S E O N Ç E K D I
E J A E Y C J L E M A R É S
S P C E D R E C I F E K K D
T E L C B U T U B A R Ã O E
A I E L A B S E S P O N J A
D X P O L V O A R T S O O R
E E U A Ç P Y V I R Ç D Q G
```

ENGUIA	POLVO
OSTRA	MEDUSA
BARCO	RECIFE
GOLFINHO	SAL
PEIXE	TARTARUGA
CAMARÃO	ESPONJA
MARÉS	TEMPESTADE
TUBARÃO	ATUM
CORAL	BALEIA
CARANGUEJO	ONDAS

52 - Meditation

```
S O T N E M A S N E P M T E
U I N T V B M I Z H B E P N
V Q L X O M O E U G N N E S
P A Z Ê E R O N N S A T X I
Q V E O N L Ã X D T G E M N
U V I O Q C X Q Q A A M O A
N O Ã Ç A T I E C A D L V M
A Ã A X R E A O L Y M E I E
T Ç W X K B P S A O Ú N M N
U N W O N K M Ç R Z S S E T
R E D Y W P O E E A I Z N O
E T R F U Y C O Z B C F T S
Z A C A L M O T A D A O O A
A P E R S P E C T I V A P A
```

ACEITAÇÃO
ATENÇÃO
MOVIMENTO
BONDADE
PAZ
PENSAMENTOS
MENTAL
CLAREZA

ENSINAMENTOS
COMPAIXÃO
MÚSICA
NATUREZA
PERSPECTIVA
CALMO
SILÊNCIO
MENTE

53 - Archäologie

```
R E L Í Q U I A R E O I X A
E E S Q U E C I D O S N D N
E F Ó S S I L M B H S V E T
T Q M A V T V Y F U O E S I
E P U O B J E T O S S S C G
M R A I M O O D Ã Z Y T O U
P O N R P I R S Ç G D I N I
L F Á É I E R H A Q P G H D
O E L T A H S O I U C A E A
M S I S Z G G E L T C D C D
U S S I K Y N D A U B O I E
F O E M F U S F V F M R D S
P R M G I U C G A D B Ú O A
D E S C E N D E N T E L T R
```

ANÁLISE
ANTIGUIDADE
AVALIAÇÃO
ERA
INVESTIGADOR
FÓSSIL
MISTÉRIO
TÚMULO
OSSOS

EQUIPE
DESCENDENTE
OBJETOS
PROFESSOR
RELÍQUIA
TEMPLO
DESCONHECIDO
ESQUECIDO

54 - Gesundheit und Wellness #1

```
F  P  Ç  P  Q  W  D  H  M  A  T  R  R  B
D  R  E  M  O  F  O  O  É  X  E  E  E  O
X  O  A  L  Q  S  S  R  D  U  R  F  L  U
L  E  U  T  E  Q  S  M  I  Z  A  L  A  W
S  W  D  T  U  U  O  O  C  T  P  E  X  Ç
S  R  J  B  O  R  S  N  O  C  I  X  A  C
A  Ç  H  S  J  R  A  E  Z  D  A  O  M  I
I  O  Á  I  K  T  Z  S  U  R  Í  V  E  N
R  V  B  E  F  A  R  M  Á  C  I  A  N  F
É  C  I  M  E  D  I  C  I  N  A  R  T  P
T  O  T  N  E  M  A  T  A  R  T  U  O  H
C  S  O  V  R  E  N  F  A  I  D  T  K  N
A  T  I  V  O  V  A  C  I  N  Í  L  C  N
B  J  B  R  F  R  Y  S  V  M  P  A  Y  T
```

ATIVO	ALTURA
FARMÁCIA	FOME
DOUTOR	CLÍNICA
BACTÉRIAS	OSSOS
TRATAMENTO	MEDICINA
RELAXAMENTO	MÉDICO
FRATURA	NERVOS
HÁBITO	REFLEXO
PELE	TERAPIA
HORMONES	VÍRUS

55 - Obst

```
O  A  Ç  T  G  A  R  E  P  B  J  B  A  A
C  E  R  E  J  A  B  Y  C  T  C  Q  Q  M
S  T  C  C  V  R  S  A  V  U  D  Z  Y  E
A  A  O  R  T  O  W  E  C  B  A  G  A  I
M  C  C  O  Ã  M  A  M  O  A  X  V  P  X
A  A  O  Ã  Z  A  E  Ç  I  B  X  A  U  A
D  B  P  L  G  J  P  J  W  F  M  I  H  Q
B  A  N  E  C  T  A  R  I  N  A  A  K  K
F  A  N  M  V  G  H  Y  K  X  J  L  R  F
M  K  N  P  Ê  S  S  E  G  O  N  I  Y  F
Y  C  W  A  T  M  A  Ç  Ã  V  A  M  U  K
P  V  O  N  N  Y  C  W  R  Z  R  Ã  J  P
L  L  P  F  A  A  H  U  F  E  A  O  Ç  N
Q  R  E  I  F  N  N  Z  C  L  L  T  U  J
```

ABACAXI	KIWI
MAÇÃ	COCO
DAMASCO	MELÃO
ABACATE	NECTARINA
BANANA	LARANJA
BAGA	MAMÃO
PERA	PÊSSEGO
AMORA	AMEIXA
FRAMBOESA	UVA
CEREJA	LIMÃO

56 - Universum

```
Y O G Y C E N L W I I A L K
R A I M O N O R T S A S O I
T Ó R B I T A N N G U T N G
F R O D A U Q E L X L E G H
V C E R O C A Í D O Z R I E
L V L V A I X Á L A G Ó T M
V B B E A M P Y V T Z I U I
O J U U V S O Ó G M F D D S
L A T I T U D E C O Y E E F
C Ó S M I C O L J S C É U É
S O L S T Í C I O F E W E R
V I S Í V E L Z K E U L L I
I U W E T N O Z I R O H E O
B O M O N Ô R T S A R S K T
```

ASTERÓIDE
ASTRÔNOMO
ASTRONOMIA
ATMOSFERA
EON
EQUADOR
LATITUDE
TREVAS
GALÁXIA
HEMISFÉRIO

CÉU
HORIZONTE
CÓSMICO
LONGITUDE
LUA
ÓRBITA
VISÍVEL
SOLSTÍCIO
TELESCÓPIO
ZODÍACO

57 - Camping

```
A N R E T N A L F J X Ç K L
V J F O I H D D L C O U N M
E N I B A C R F O F O G O L
N T Ç G L P O I R T E A H R
T W H O O C C P E V E I Y E
U E E P S P W P S D X S J F
R M E J S S U Y T I V I N I
A L M Z Ú U É P A H C A M I
C W A X B V B F U R B M I M
A M F G D I L S D U A I J A
M M V M O H M U O C D N N P
Á R V O R E S I A O N A C A
N A T U R E Z A Z C E C A A
Z Ç W C A Ç A H N A T N O M
```

AVENTURA
ÁRVORES
MONTANHA
FOGO
MACA
CHAPÉU
INSETO
CAÇA
CABINE
CANOA

MAPA
BÚSSOLA
LANTERNA
LUA
NATUREZA
LAGO
CORDA
ANIMAIS
FLORESTA
TENDA

58 - Zeit

```
H  T  R  L  T  F  L  S  L  G  L  A  Ç  T
N  D  T  H  J  M  J  C  O  O  B  D  J  H
F  O  S  L  I  C  Z  H  L  I  D  A  I  N
U  I  I  A  E  L  K  N  W  G  S  M  Y  A
T  R  O  T  O  Q  O  F  X  Ó  A  A  S  I
U  Á  P  O  E  A  N  U  A  L  N  N  É  D
R  D  E  J  L  Z  D  Ç  G  E  T  H  C  O
O  N  D  É  C  A  D  A  T  R  E  Ã  U  I
C  E  O  N  T  E  M  E  B  B  S  J  L  E
H  L  C  H  B  M  I  N  U  T  O  B  O  M
V  A  R  O  G  A  P  Y  V  A  K  J  Z  C
O  C  T  R  N  C  A  Y  D  W  Z  Z  Z  C
K  P  Z  A  N  A  M  E  S  H  O  J  E  R
P  X  Y  H  M  Ê  S  V  F  C  P  D  S  F
```

ONTEM	MÊS
HOJE	MANHÃ
ANO	DEPOIS
SÉCULO	NOITE
DÉCADA	HORA
ANUAL	DIA
AGORA	RELÓGIO
CALENDÁRIO	ANTES
MINUTO	SEMANA
MEIO-DIA	FUTURO

59 - Säugetiere

```
G  M  C  L  X  B  F  F  D  E  S  V  B  W
P  P  W  J  O  R  U  O  T  B  F  H  W  B
B  K  J  B  B  B  T  C  K  A  B  E  C  Z
C  A  S  T  O  R  O  Ã  E  L  U  R  S  O
M  U  B  C  X  R  E  J  P  E  Ç  G  O  C
H  O  Z  T  Ã  T  K  L  I  I  L  I  V  O
Z  E  B  R  A  O  A  X  E  A  V  T  E  I
I  P  R  R  A  P  O  S  A  F  F  X  L  O
C  A  N  G  U  R  U  N  L  G  A  H  H  T
C  A  V  A  L  O  K  A  I  I  U  N  A  E
M  A  C  A  C  O  T  A  R  R  Ç  C  T  N
P  L  S  D  Ç  Ç  L  A  O  A  L  V  M  E
L  D  Q  S  W  F  G  C  G  F  V  U  D  N
B  P  A  N  T  E  R  A  Y  A  T  R  X  G
```

MACACO	LEÃO
URSO	PANTERA
CASTOR	CAVALO
ELEFANTE	RATO
RAPOSA	OVELHA
GIRAFA	TOURO
GORILA	TIGRE
CÃO	BALEIA
CANGURU	LOBO
COIOTE	ZEBRA

60 - Algebra

```
N A G B Q S M N Z Ç T I L S
F A L S O U O Ã Ç A U Q E O
E E P D T D A L Z E R O V M
M X T I Q D A N U H T J Á A
A R P R A B J P T Ç L K I I
T E S O M D B M C I Ã P R T
R S T T E R F G V Ç D O A J
I O Y A L N X W Z J O A V O
Z L Ç F B V T O Ç D Ã L D R
R V Q M O L F E C K Ç U Q E
F E O S R D I A G R A M A M
W R N T P L I N E A R R W Ú
S U B T R A Ç Ã O F F Ó I N
I N F I N I T O Y H I F S W
```

FRAÇÃO
DIAGRAMA
EXPOENTE
FATOR
FALSO
FÓRMULA
EQUAÇÃO
LINEAR
RESOLVER
SOLUÇÃO

MATRIZ
QUANTIDADE
ZERO
NÚMERO
PROBLEMA
SUBTRAÇÃO
SOMA
INFINITO
VARIÁVEL

61 - Philanthropie

```
Y  Ç  K  G  D  O  B  J  E  T  I  V  O  S
Ç  B  A  L  S  O  D  N  U  F  G  C  T  F
E  G  W  O  E  D  A  D  I  N  U  M  O  C
S  P  U  B  S  C  Y  R  T  O  X  I  C  P
J  E  D  A  D  I  N  A  M  U  H  W  R  E
A  Ç  O  L  F  I  N  A  N  Ç  A  V  I  S
J  U  V  E  N  T  U  D  E  Ç  A  M  A  S
M  A  M  H  D  G  R  U  P  O  S  T  N  O
I  I  S  O  T  A  T  N  O  C  F  R  Ç  A
C  K  S  S  N  V  D  Ç  C  P  A  X  A  S
Q  F  B  S  Q  O  C  I  L  B  Ú  P  S  C
U  E  O  O  Ã  J  A  I  R  Ó  T  S  I  H
B  S  C  I  S  O  U  K  J  A  G  Q  M  G
P  R  O  G  R  A  M  A  S  F  C  X  U  V
```

FINANÇA	HUMANIDADE
COMUNIDADE	MISSÃO
HISTÓRIA	FUNDOS
GLOBAL	CARIDADE
GRUPOS	PÚBLICO
JUVENTUDE	PROGRAMAS
CRIANÇAS	DOAR
CONTATOS	OBJETIVOS
PESSOAS	

62 - Diplomatie

```
E  S  T  R  A  N  G  E  I  R  O  E  I  R
E  C  Z  S  P  O  L  Í  T  I  C  A  N  F
E  M  B  A  I  X  A  D  O  R  S  C  T  Z
D  E  Z  U  E  S  C  A  I  F  O  I  E  D
A  C  N  G  Z  M  O  Ç  R  C  L  D  G  I
D  Ç  O  N  B  Q  B  N  Á  A  U  A  R  P
I  U  D  Í  N  L  T  A  T  W  Ç  D  I  L
N  C  A  L  W  G  W  R  I  I  Ã  Ã  D  O
U  P  T  Z  P  A  H  U  N  X  O  O  A  M
M  D  A  C  I  T  É  G  A  B  A  S  D  Á
O  N  R  E  V  O  G  E  M  G  O  D  E  T
C  B  T  A  Ç  I  T  S  U  J  W  U  A  I
C  O  N  F  L  I  T  O  H  E  M  H  B  C
C  O  N  S  U  L  T  O  R  J  A  I  T  O
```

ESTRANGEIRO	HUMANITÁRIO
CONSULTOR	INTEGRIDADE
EMBAIXADA	CONFLITO
EMBAIXADOR	SOLUÇÃO
CIDADÃOS	POLÍTICA
DIPLOMÁTICO	GOVERNO
ÉTICA	SEGURANÇA
COMUNIDADE	LÍNGUAS
JUSTIÇA	TRATADO

63 - Astronomie

```
A  A  S  T  E  R  Ó  I  D  E  Q  O  T  Z
M  E  T  E  O  R  O  V  Y  O  P  B  E  O
C  L  Ç  N  E  B  U  L  O  S  A  S  R  D
E  O  I  P  Ó  C  S  E  L  E  T  E  R  Í
T  Ã  S  M  D  K  O  E  Z  G  I  R  A  A
I  Ç  F  M  D  U  Q  I  S  Ç  G  V  L  C
L  A  A  V  O  N  R  E  P  U  S  A  E  O
É  L  E  G  G  S  O  L  C  H  Z  T  R  S
T  E  L  R  K  U  U  U  K  É  Y  Ó  T  R
A  T  E  N  A  L  P  A  I  K  U  R  S  E
S  S  A  S  T  R  Ô  N  O  M  O  I  E  V
N  N  F  O  G  U  E  T  E  C  B  O  J  I
K  O  C  O  M  E  T  A  J  U  P  E  C  N
V  C  A  S  T  R  O  N  A  U  T  A  J  U
```

ASTERÓIDE	NEBULOSA
ASTRONAUTA	OBSERVATÓRIO
ASTRÔNOMO	PLANETA
TERRA	FOGUETE
CÉU	SATÉLITE
COMETA	ESTRELA
CONSTELAÇÃO	SUPERNOVA
COSMOS	TELESCÓPIO
METEORO	ZODÍACO
LUA	UNIVERSO

64 - Ballett

```
C  C  V  O  M  T  I  R  X  O  V  R  Z  E
O  O  C  I  L  B  Ú  P  A  R  K  F  B  I
M  R  G  A  O  O  N  U  R  Q  R  U  A  Ç
P  E  E  S  V  H  S  O  L  U  C  S  Ú  M
O  O  S  N  K  C  D  G  T  E  Z  Q  B  G
S  G  T  E  P  Y  L  O  H  S  X  B  A  R
I  R  O  O  C  I  T  S  Í  T  R  A  I  A
T  A  E  S  T  I  L  O  C  R  A  H  L  C
O  F  A  P  L  A  U  S  O  A  V  B  A  I
R  I  H  A  B  I  L  I  D  A  D  E  R  O
J  A  E  X  P  R  E  S  S  I  V  O  I  S
I  N  T  E  N  S  I  D  A  D  E  A  N  O
D  A  N  Ç  A  R  I  N  O  S  H  B  A  E
T  É  C  N  I  C  A  M  Ú  S  I  C  A  N
```

GRACIOSO	MÚSICA
APLAUSO	MÚSCULOS
EXPRESSIVO	ORQUESTRA
BAILARINA	ENSAIO
COREOGRAFIA	PÚBLICO
HABILIDADE	RITMO
GESTO	SOLO
INTENSIDADE	ESTILO
COMPOSITOR	DANÇARINOS
ARTÍSTICO	TÉCNICA

65 - Geologie

```
C O N T I N E N T E E M T J
C P Ã Q U A R T Z O S I E B
K Á E C O P U X A Q T N R L
Y J L D L A S Á P G A E R E
A Q V C R U K C L E L R E R
L A V A I A V I A Y A A M O
I N L A R O C D T S G I O S
S R Z L N L C O Ô E M S T Ã
S E O U M R C Q T R I O O O
Ó V N Q Ç I U M Z F T Z A J
F A A P E D K P L Q E O Q Q
S C F U N D I D O A S I N X
E S T A L A C T I T E D F S
P R U Ç C N W S F U Z Q C D
```

TERREMOTO
EROSÃO
FÓSSIL
FUNDIDO
GEYSER
CAVERNA
CÁLCIO
CONTINENTE
CORAL
LAVA

MINERAIS
PLATÔ
QUARTZO
SAL
ÁCIDO
ESTALAGMITES
ESTALACTITE
PEDRA
VULCÃO
ZONA

66 - Wissenschaft

```
S F X N P A R T Í C U L A S
H Ç Í M A B L Q U Í M I C O
E N E S E T Ó P I H O M P D
C V H U I E U S B Q M O L O
R N G V S C U R V X S L A T
F Ó S S I L A J E N I É N É
M I N E R A I S U Z N C T M
G R A V I D A D E S A U A I
C N I P C L I M A A G L S Z
E V O L U Ç Ã O O M R A O K
X A N Y K C Y W S M O S D G
L A B O R A T Ó R I O T A F
E X P E R I Ê N C I A T D E
C I E N T I S T A U B V Á M
```

ÁTOMO	MINERAIS
QUÍMICO	MOLÉCULAS
DADOS	NATUREZA
EVOLUÇÃO	ORGANISMO
EXPERIÊNCIA	PARTÍCULAS
FÓSSIL	PLANTAS
HIPÓTESE	FÍSICA
CLIMA	GRAVIDADE
LABORATÓRIO	FATO
MÉTODO	CIENTISTA

67 - Bildende Kunst

```
O  C  L  C  A  G  R  S  Y  V  R  P  E  C
Ã  B  E  E  S  I  P  Á  L  H  P  E  S  A
V  T  R  R  S  Z  I  N  R  E  V  R  C  N
R  K  O  A  Â  T  Z  D  D  M  C  S  U  E
A  B  O  T  P  M  Ê  Q  T  L  C  P  L  T
C  E  P  J  Y  R  I  N  X  I  E  E  T  A
A  R  G  I  L  A  I  C  C  F  R  C  U  R
I  F  W  W  X  E  W  M  A  I  A  T  R  U
G  Y  E  T  E  L  A  V  A  C  L  I  A  T
F  O  T  O  G  R  A  F  I  A  I  V  D  N
S  B  E  C  Z  A  T  S  I  T  R  A  J  I
S  H  D  B  R  E  T  R  A  T  O  Q  H  P
Q  H  X  A  R  Q  U  I  T  E  T  U  R  A
C  R  I  A  T  I  V  I  D  A  D  E  M  L
```

ARQUITETURA	VERNIZ
LÁPIS	OBRA-PRIMA
FILME	PERSPECTIVA
FOTOGRAFIA	RETRATO
PINTURA	ESTÊNCIL
CARVÃO	ESCULTURA
CERÂMICA	CAVALETE
CRIATIVIDADE	CANETA
GIZ	ARGILA
ARTISTA	CERA

68 - Sport

```
C  T  R  E  I  N  A  D  O  R  F  U  C  X
O  I  B  N  M  A  M  A  R  G  O  R  P  M
V  S  C  C  X  R  V  T  U  S  E  L  H  Ú
S  L  S  L  T  H  O  L  T  K  G  A  S
K  A  J  O  I  P  K  E  J  K  C  K  Z  C
S  R  Ú  D  S  S  K  T  C  O  R  P  O  U
Q  U  N  D  G  M  M  A  B  O  D  E  N  L
Z  Z  P  F  E  T  M  O  A  Z  A  S  U  O
C  A  P  A  C  I  D  A  D  E  N  P  T  S
X  Z  Z  M  D  F  B  O  Z  B  Ç  O  R  P
G  N  I  G  G  O  J  C  Ç  W  A  R  I  X
B  Z  A  L  Ç  R  E  K  A  L  N  T  Ç  F
V  C  P  C  M  Ç  S  W  M  K  D  E  Ã  S
V  A  Q  V  A  A  T  E  I  D  O  S  O  V
```

ATLETA
DIETA
NUTRIÇÃO
CAPACIDADE
SAÚDE
JOGGING
OSSOS
CORPO

MÚSCULOS
PROGRAMA
CICLISMO
ESPORTES
FORÇA
DANÇANDO
TREINADOR

69 - Mythologie

```
R L A B I R I N T O S J Y G
S E M Ú I C M O N S T R O U
C J L D E S A S T R E K C E
K I L Â C R I A T U R A I R
L B W I M S V J V W E K G R
D A Ç S C P M O R T A L Á E
E D A D I L A T R O M I M I
F O R Ç A T T G C D H C C R
T L R Y C V R P O Ç E R U O
D Ç E D J Ç G O N W R I L S
C É U N G W P I V Q Ó A T Y
V N N J D R S T L Ã I Ç U A
Ç Z F A T A L G X F O Ã R T
V I N G A N Ç A Y T K O A P
```

RELÂMPAGO	CULTURA
TROVÃO	LABIRINTO
CIÚMES	LENDA
HERÓI	MÁGICO
CÉU	MONSTRO
DESASTRE	VINGANÇA
CRIAÇÃO	FORÇA
CRIATURA	MORTAL
GUERREIRO	IMORTALIDADE

70 - Restaurant #2

```
E  W  S  A  L  A  D  A  B  B  R  D  G  Z
P  L  G  P  A  S  N  U  O  K  H  E  A  Q
B  K  X  O  S  X  A  G  L  D  D  L  R  D
J  C  E  S  S  M  Z  Á  O  U  E  I  Ç  Z
T  S  V  B  A  G  A  T  U  R  F  C  O  Q
J  M  W  V  I  E  D  C  C  M  F  I  M  L
P  S  L  D  R  L  I  Y  A  V  Q  O  L  E
P  E  J  Y  A  O  B  K  H  R  S  S  D  G
O  V  I  T  I  R  E  P  A  H  R  O  G  U
Z  G  F  X  C  K  B  I  X  G  J  Ã  A  M
E  I  F  R  E  H  L  O  C  M  A  S  O  E
A  H  S  U  P  A  L  M  O  Ç  O  R  O  S
G  Z  R  C  S  C  A  D  E  I  R  A  F  T
X  C  Q  I  E  T  J  A  N  T  A  R  G  O
```

JANTAR	BOLO
GELO	COLHER
PEIXE	ALMOÇO
FRUTA	MACARRÃO
GARFO	SALADA
LEGUMES	SAL
BEBIDA	CADEIRA
ESPECIARIAS	SOPA
GARÇOM	APERITIVO
DELICIOSO	ÁGUA

71 - Ökologie

```
E  N  H  Q  N  N  E  L  S  Ç  C  L  V  B
N  H  A  P  A  R  V  Ç  E  Y  L  I  E  U
J  S  B  P  T  O  L  F  C  B  I  F  G  G
A  E  I  Â  U  H  E  F  A  A  M  X  E  M
M  G  T  N  R  N  V  W  S  R  A  L  T  B
R  F  A  T  A  I  Á  U  G  O  R  J  A  T
E  C  T  A  L  R  T  F  Y  L  N  E  Ç  R
C  O  Y  N  Ç  A  N  U  A  F  O  Ç  Ã  U
U  H  Z  O  V  M  E  B  O  J  M  B  O  N
R  S  O  I  R  Á  T  N  U  L  O  V  A  A
S  E  I  C  É  P  S  E  U  U  E  J  U  L
O  F  A  Z  E  R  U  T  A  N  X  Y  P  U
S  C  H  D  S  P  S  P  L  A  N  T  A  S
A  B  R  M  O  N  T  A  N  H  A  S  O  J
```

ESPÉCIES
MONTANHAS
SECA
FAUNA
FLORA
VOLUNTÁRIOS
GLOBAL
CLIMA
HABITAT

MARINHO
SUSTENTÁVEL
NATUREZA
NATURAL
PLANTAS
RECURSOS
PÂNTANO
VEGETAÇÃO

72 - Schokolade

```
E E Y D G I F A V O R I T O
C X E T N A D I X O I T N A
A A Ó O O A R T E S A N A L
C R P T X I Z R D O C O C C
O O D S I E O A A I C H O A
G M U O Q C M M D C Z G M L
R A V G B G O E I I Ú N E O
A E D O C E Y N L L K Ç R R
M Q C X M O V D A E F T A I
A R N E D F U O U D I Q Ç A
A M Q Z I C A I Q U M S Y S
O K K Ç G T C N Q P A U C T
S L S Z S R A S D Y W Ç K X
R D G Q Y W C A R A M E L O
```

ANTIOXIDANTE
AROMA
AMARGO
AMENDOINS
COMER
EXÓTICO
FAVORITO
GOSTO
ARTESANAL
CACAU

CALORIAS
CARAMELO
COCO
DELICIOSO
PÓ
QUALIDADE
RECEITA
DOCE
AÇÚCAR

73 - Boote

```
N  B  F  T  O  I  R  A  M  J  D  B  D  K
M  J  B  Z  R  C  G  P  U  L  H  J  K  Ç
F  Â  T  O  D  I  E  M  Y  S  Z  J  G  M
I  N  G  R  G  W  P  A  C  C  O  R  D  A
O  C  I  T  U  Á  N  U  N  N  H  V  B  O
Y  O  V  R  Z  A  B  A  L  O  E  B  O  N
Z  R  E  I  A  T  E  A  A  A  J  A  T  A
O  A  L  K  Y  G  P  D  L  L  Ç  G  E  C
M  D  E  E  P  Ç  O  O  H  S  M  Ã  U  I
D  A  I  Ó  B  Z  X  C  E  M  A  O  O  K
B  G  R  O  T  O  M  A  S  P  N  N  N  V
I  N  O  R  T  S  A  M  V  B  H  D  A  J
L  A  G  O  C  A  I  A  Q  U  E  A  W  D
H  J  B  P  R  H  T  L  X  Ç  T  S  T  F
```

ÂNCORA	MAR
BÓIA	MOTOR
TRIPULAÇÃO	NÁUTICO
DOCA	OCEANO
BALSA	BOTE
JANGADA	LAGO
RIO	VELEIRO
CAIAQUE	CORDA
CANOA	ONDAS
MASTRO	IATE

74 - Stadt

```
E  T  N  A  R  U  A  T  S  E  R  S  O  D
Q  S  I  Ç  X  E  C  C  M  Ç  U  Y  V  X
A  P  C  K  W  U  I  H  O  T  E  L  O  D
S  P  L  O  M  U  N  A  D  Ç  S  F  G  L
S  A  K  E  L  C  Í  R  A  M  U  N  A  I
L  K  L  Ç  W  A  L  Y  C  X  M  M  L  V
B  R  C  Ã  X  C  C  W  R  O  B  G  E  R
Ç  A  L  I  O  R  T  A  E  T  H  A  R  A
E  W  N  Q  A  I  C  Á  M  R  A  F  I  R
D  I  A  C  E  T  O  I  L  B  I  B  A  I
A  T  Z  M  O  F  L  O  R  I  S  T  A  A
I  A  E  R  O  P  O  R  T  O  C  S  B  R
S  U  P  E  R  M  E  R  C  A  D  O  S  N
C  I  N  E  M  A  P  A  D  A  R  I  A  L
```

FARMÁCIA	CINEMA
BANCO	CLÍNICA
PADARIA	MERCADO
BIBLIOTECA	MUSEU
FLORISTA	RESTAURANTE
LIVRARIA	SALÃO
AEROPORTO	ESCOLA
GALERIA	SUPERMERCADO
HOTEL	TEATRO

75 - Aktivitäten

```
E  T  X  V  J  F  G  M  D  A  I  G  A  M
F  K  N  P  A  O  S  J  V  B  N  F  Y  Ç
L  E  N  D  O  N  G  M  A  S  T  C  K  S
P  R  A  Z  E  R  K  O  I  O  E  Y  T  M
K  P  S  K  C  A  C  A  S  F  R  T  D  E
F  O  T  O  G  R  A  F  I  A  E  R  R  G
H  A  B  I  L  I  D  A  D  E  S  Y  F  A
A  T  I  V  I  D  A  D  E  Y  S  Q  S  N
L  A  Z  E  R  A  Z  B  G  M  E  U  F  I
P  I  N  T  U  R  A  S  U  Ç  S  E  K  D
C  E  R  Â  M  I  C  A  P  E  S  C  A  R
R  E  L  A  X  A  M  E  N  T  O  T  C  A
A  R  T  E  S  A  N  A  T  O  W  X  I  J
C  A  M  I  N  H  A  D  A  P  T  N  K  M
```

ATIVIDADE
PESCA
RELAXAMENTO
HABILIDADE
FOTOGRAFIA
LAZER
JARDINAGEM
PINTURA
INTERESSES

CACA
CERÂMICA
ARTE
ARTESANATO
LENDO
MAGIA
JOGOS
PRAZER
CAMINHADA

76 - Bienen

```
R  C  C  H  M  P  F  R  T  A  R  E  A  Y
V  V  P  T  V  M  L  E  M  Ç  Ç  C  F  W
J  A  R  D  I  M  O  O  A  I  K  O  G  E
C  E  R  A  I  Y  R  U  S  O  F  S  A  P
D  I  V  E  R  S  I  D  A  D  E  S  S  Ó
H  B  E  N  É  F  I  C  O  R  L  I  A  L
C  Ç  A  M  U  F  O  P  C  K  S  S  E
E  O  B  M  T  X  D  D  S  N  Z  T  I  N
N  R  L  I  O  S  G  T  Q  T  U  E  F  F
X  S  E  M  T  D  Z  H  V  N  T  M  M  L
A  T  M  J  E  A  H  N  I  A  R  A  H  O
M  F  A  X  S  I  T  D  F  R  U  T  A  R
E  A  R  Z  N  S  A  T  N  A  L  P  G  E
U  L  U  M  I  S  X  S  O  Z  S  U  Z  S
```

COLMEIA   ECOSSISTEMA
FLORES   PLANTAS
FLOR   PÓLEN
ASAS   FUMAÇA
FRUTA   ENXAME
JARDIM   SOL
MEL   DIVERSIDADE
INSETO   BENÉFICO
RAINHA   CERA
HABITAT

77 - Wissenschaftliche Disziplinen

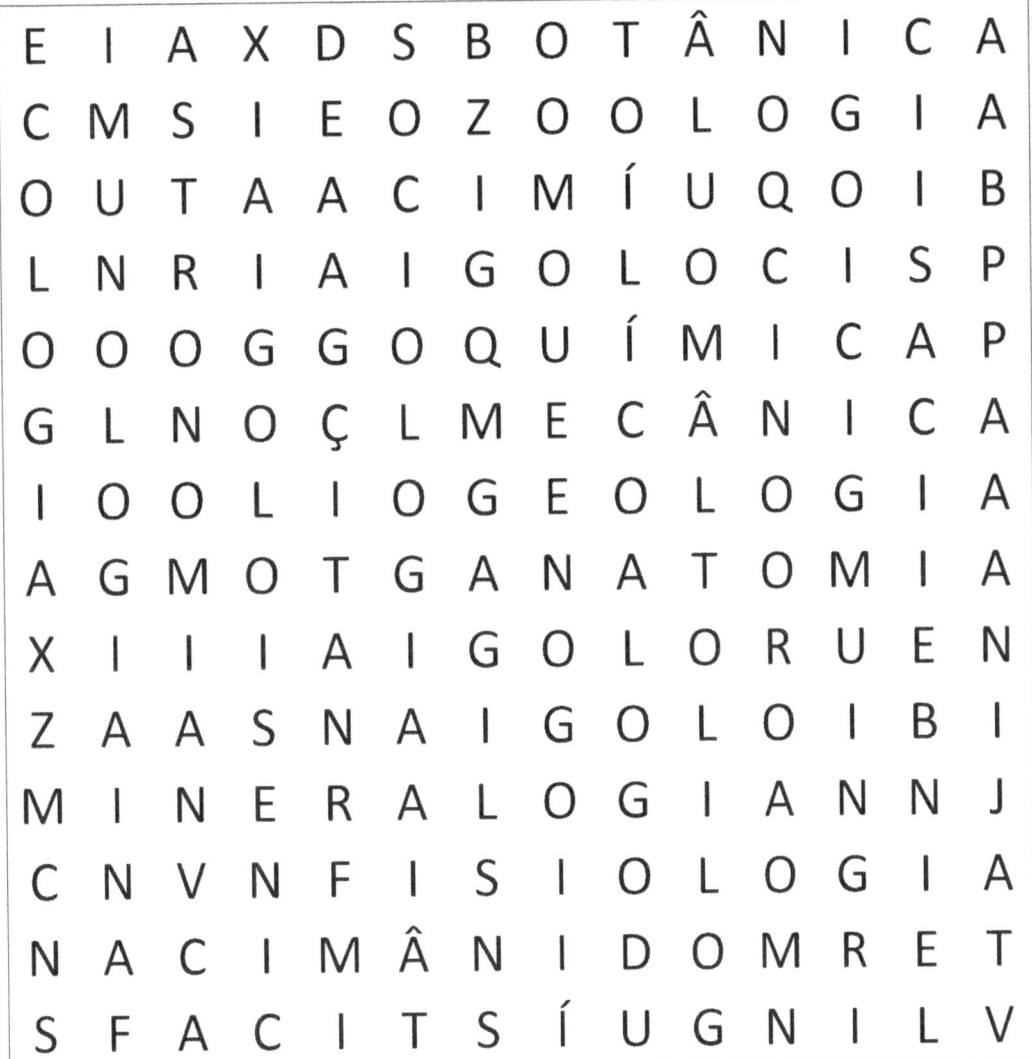

E	I	A	X	D	S	B	O	T	Â	N	I	C	A
C	M	S	I	E	O	Z	O	O	L	O	G	I	A
O	U	T	A	A	C	I	M	Í	U	Q	O	I	B
L	N	R	I	A	I	G	O	L	O	C	I	S	P
O	O	O	G	G	O	Q	U	Í	M	I	C	A	P
G	L	N	O	Ç	L	M	E	C	Â	N	I	C	A
I	O	O	L	I	O	G	E	O	L	O	G	I	A
A	G	M	O	T	G	A	N	A	T	O	M	I	A
X	I	I	I	A	I	G	O	L	O	R	U	E	N
Z	A	A	S	N	A	I	G	O	L	O	I	B	I
M	I	N	E	R	A	L	O	G	I	A	N	N	J
C	N	V	N	F	I	S	I	O	L	O	G	I	A
N	A	C	I	M	Â	N	I	D	O	M	R	E	T
S	F	A	C	I	T	S	Í	U	G	N	I	L	V

ANATOMIA
ASTRONOMIA
BIOQUÍMICA
BIOLOGIA
BOTÂNICA
QUÍMICA
GEOLOGIA
IMUNOLOGIA
CINESIOLOGIA
LINGUÍSTICA

MECÂNICA
MINERALOGIA
NEUROLOGIA
ECOLOGIA
FISIOLOGIA
PSICOLOGIA
SOCIOLOGIA
TERMODINÂMICA
ZOOLOGIA

78 - Vögel

```
S N D G A M P C P C C L S U
C F L A M I N G O A O C U C
I G P D N U D N N Q T R A A
S C E M K G O F A R C O V T
N P I D W N D J C S S N C O
E B U P W I W N U L D A Q V
V T D L L P N P T L J C O I
W M O O I A G A P A P I M A
C E G O N H A V Ç D O L F G
Q G N S T K J Ã D R P E G J
A F A N H I U O N A A P G S
I P R A B X R X Ç P G G O T
B G F G B P O Á G U I A X Z
P O M B O M C O V O C B T Q
```

ÁGUIA
OVO
PATO
CORUJA
FLAMINGO
GANSO
FRANGO
CORVO
CUCO
GAIVOTA

PAPAGAIO
PELICANO
PAVÃO
PINGUIM
GARÇA
CISNE
PARDAL
CEGONHA
POMBO
TUCANO

79 - Garten

```
C E R C A U G A W I M W W W
D Q W H O R A N G Q I A P O
F H D T Ç Y R C U X N F C P
S P F A A G A I G E B C I A
R T F B R Y G N M P Y O H B
Á R V O R E E H A E K S Q P
S A J D E K M O C N A B Á Ç
O R A A T R A M P O L I M P
L B R M V A R A N D A L Y O
O U D A F I U A V J O A Q M
I S I R Q L T M B R T G B A
C T M G K U O A Q P T O U R
O O X K V Ç Ç R V X Ç A U M
M N M A M A N G U E I R A U
```

BANCO
ÁRVORE
FLOR
SOLO
ARBUSTO
GARAGEM
JARDIM
GRAMA
MACA
POMAR

GRAMADO
ANCINHO
PÁ
MANGUEIRA
LAGOA
TERRAÇO
TRAMPOLIM
VARANDA
CERCA

80 - Antarktis

```
T  C  T  E  M  P  O  V  E  N  T  O  S  N
E  O  Ã  Ç  A  V  R  E  S  N  O  C  X  A
M  N  C  G  E  O  G  R  A  F  I  A  I  R
P  T  I  N  V  E  S  T  I  G  A  D  O  R
E  I  C  L  S  P  A  U  G  Á  S  M  S  G
R  N  A  D  S  G  R  Q  U  X  I  I  O  E
A  E  Z  M  U  H  I  B  A  Í  A  G  H  L
T  N  N  W  B  Z  E  G  L  Y  R  R  C  O
U  T  L  S  G  I  L  K  T  Y  E  A  O  I
R  E  I  K  N  G  E  D  Z  Y  N  Ç  R  W
A  P  Q  C  T  O  G  N  T  X  I  Ã  N  P
P  Á  S  S  A  R  O  S  T  I  M  O  J  Y
X  L  A  Z  O  Ã  Ç  I  D  E  P  X  E  E
T  O  P  O  G  R  A  F  I  A  J  M  H  Q
```

BAÍA
GELO
CONSERVAÇÃO
EXPEDIÇÃO
ROCHOSO
INVESTIGADOR
GEOGRAFIA
GELEIRAS
CONTINENTE

MIGRAÇÃO
MINERAIS
TEMPERATURA
TOPOGRAFIA
AMBIENTE
PÁSSAROS
ÁGUA
TEMPO
VENTOS

81 - Fahren

```
F  M  O  Ã  H  N  I  M  A  C  N  C  T  J
C  U  I  D  A  D  O  A  Ç  A  Z  O  Ú  P
D  C  M  A  C  I  D  E  N  T  E  M  N  O
T  O  E  P  Z  A  U  T  A  E  D  B  E  B
P  R  G  A  X  J  H  R  R  L  I  U  L  U
O  O  A  M  K  O  D  Á  U  C  P  S  I  F
L  T  R  N  J  R  C  F  G  I  A  T  P  R
Í  O  A  D  S  Á  G  E  E  C  R  Í  E  E
C  M  G  C  U  P  R  G  S  O  V  V  R  I
I  S  H  Ã  B  B  O  O  F  T  V  E  I  O
A  X  S  R  I  K  I  R  Y  O  D  L  G  S
A  Q  O  R  N  A  O  A  T  M  D  C  O  F
Q  L  P  O  Ô  Q  A  Ç  N  E  C  I  L  F
H  X  H  Z  K  P  B  W  T  Z  U  S  K  Q
```

CARRO	CAMINHÃO
FREIOS	MOTOR
COMBUSTÍVEL	MOTOCICLETA
ÔNIBUS	POLÍCIA
GARAGEM	SEGURANÇA
GÁS	TRANSPORTE
PERIGO	TÚNEL
RAPIDEZ	ACIDENTE
MAPA	TRÁFEGO
LICENÇA	CUIDADO

82 - Physik

```
V E L O C I D A D E G U R P
A C E L E R A Ç Ã O H T F A
E X P E R I Ê N C I A E Z R
R E L A T I V I D A D E M T
M S F T V G S O O C E D A Í
N O I R O T O M M I L A S C
U A L U E G X O S N É D S U
C C H É O Q X T I Â T I A L
L E D Y C W U Á T C R S L A
E R T Ç I U Y Ê E E O N U T
A Ç Z G M Y L Z N M N E M T
R Z Q T Í M K A G C K D R Y
D P Q C U W U Y A Z I D Ó G
H K Y M Q G Á S M C Z A F P
```

ÁTOMO	VELOCIDADE
ACELERAÇÃO	MAGNETISMO
CAOS	MASSA
QUÍMICO	MECÂNICA
DENSIDADE	MOLÉCULA
ELÉTRON	MOTOR
EXPERIÊNCIA	NUCLEAR
FÓRMULA	PARTÍCULA
FREQUÊNCIA	RELATIVIDADE
GÁS	

83 - Bücher

```
P  O  R  H  B  H  R  C  V  H  H  I  N  D
O  O  Ç  Ç  T  U  O  O  T  I  I  N  A  C
I  C  E  Q  R  M  M  N  C  S  S  V  R  K
H  I  I  M  W  O  A  T  R  T  T  E  R  O
F  P  R  Ç  A  R  N  E  W  Ó  Ó  N  A  N
T  É  É  J  Y  A  C  X  Y  R  R  T  D  L
E  L  S  K  Q  D  E  T  K  I  I  I  O  E
I  S  O  Q  G  O  J  O  H  A  C  V  R  I
P  L  C  P  O  E  S  I  A  C  O  O  E  T
G  Á  I  R  D  U  A  L  I  D  A  D  E  O
Y  N  G  O  I  R  Á  R  E  T  I  L  Y  R
B  V  Á  I  P  T  Z  A  U  T  O  R  X  V
E  U  R  L  N  G  O  Ã  Ç  E  L  O  C  H
K  U  T  L  T  A  R  U  T  N  E  V  A  J
```

AVENTURA	HUMORADO
AUTOR	COLEÇÃO
DUALIDADE	CONTEXTO
ÉPICO	LEITOR
INVENTIVO	LITERÁRIO
NARRADOR	POESIA
POEMA	ROMANCE
HISTÓRIA	PÁGINA
ESCRITO	SÉRIE
HISTÓRICO	TRÁGICO

84 - Menschlicher Körper

```
L  S  S  T  J  R  T  V  V  F  Y  W  C  C
W  A  H  L  E  R  O  T  S  O  R  W  N  Z
T  N  Ç  U  I  W  D  C  X  W  K  Z  Y  L
H  G  B  D  E  D  O  Ã  M  X  G  J  K  R
P  U  O  U  R  A  L  U  B  Í  D  N  A  M
E  E  B  J  V  C  E  S  P  H  G  Z  N  P
R  K  D  J  A  O  V  E  S  O  J  N  A  E
N  X  O  X  S  B  O  H  L  E  O  J  R  S
A  I  R  Ã  V  M  T  P  T  R  G  P  I  C
P  E  L  E  Ç  K  O  R  B  M  O  K  Z  O
C  A  B  E  Ç  A  C  Q  U  E  I  X  O  Ç
O  L  E  Z  O  N  R  O  T  M  P  T  Q  O
L  Í  N  G  U  A  Ç  O  R  B  E  R  É  C
F  H  K  D  M  M  F  B  C  Q  H  G  M  E
```

PERNA	MANDÍBULA
SANGUE	QUEIXO
COTOVELO	JOELHO
DEDO	TORNOZELO
CÉREBRO	CABEÇA
ROSTO	BOCA
PESCOÇO	NARIZ
MÃO	ORELHA
PELE	OMBRO
CORAÇÃO	LÍNGUA

85 - Landschaften

```
J  U  Ç  L  N  B  F  D  I  G  J  L  C  T
W  Y  E  G  O  L  F  O  C  O  R  N  A  U
U  X  N  R  I  O  T  R  E  S  E  D  V  N
S  H  E  R  R  W  P  D  B  L  J  L  E  D
L  O  Á  S  I  S  R  G  E  E  A  R  R  R
G  A  T  A  C  S  A  C  R  F  H  V  N  A
E  I  G  B  F  O  S  U  G  U  N  Z  A  N
L  A  S  O  I  L  H  A  O  M  A  R  X  I
E  R  W  Ã  N  G  A  P  Q  W  T  E  K  L
I  P  U  C  D  A  Y  A  T  M  N  S  A  O
R  R  Ç  L  J  J  T  D  D  B  O  Y  U  C
A  J  L  U  S  Z  K  N  D  I  M  E  G  U
A  M  R  V  S  P  P  Q  Â  U  S  G  Ç  W
P  E  N  Í  N  S  U  L  A  P  A  R  U  F
```

MONTANHA	MAR
ICEBERG	OÁSIS
RIO	LAGO
GEYSER	PRAIA
GELEIRA	PÂNTANO
GOLFO	VALE
PENÍNSULA	TUNDRA
CAVERNA	VULCÃO
COLINA	CASCATA
ILHA	DESERTO

86 - Abenteuer

```
O  P  O  R  T  U  N  I  D  A  D  E  N  S
A  T  I  V  I  D  A  D  E  Z  K  C  A  P
K  N  W  N  O  B  V  S  D  E  K  N  T  L
P  S  S  X  S  N  P  L  I  L  A  A  U  R
B  R  A  V  U  R  A  D  F  E  I  H  R  O
I  N  C  O  M  U  M  L  I  B  R  C  E  I
E  A  M  I  G  O  S  X  C  X  G  S  Z  R
V  X  R  Ç  N  A  R  U  G  E  S  A  Á
Y  I  C  U  I  V  O  Z  L  O  L  G  D  R
S  V  A  U  C  P  U  D  D  P  A  B  E  E
I  D  I  G  R  O  Ã  Ç  A  G  E  V  A  N
G  I  Ç  T  E  S  E  C  D  Ç  E  I  V  I
S  O  K  K  G  N  Ã  U  E  Y  V  M  I  T
U  O  A  Z  P  O  S  O  G  I  R  E  P  I
```

ATIVIDADE
EXCURSÃO
CHANCE
ALEGRIA
AMIGOS
PERIGOSO
OPORTUNIDADE
NATUREZA
NAVEGAÇÃO

NOVO
VIAGENS
ITINERÁRIO
BELEZA
DIFICULDADE
SEGURANÇA
BRAVURA
INCOMUM

87 - Flugzeuge

```
X A O I Y A I N F L A R B K
A R P O R I E G A S S A P V
T F N U É C H É L I C E S U
A E J O I N Ê G O R D I H L
J T C L E Ê A V E N T U R A
W A R U T L A D I C S E D B
Y A O Ã Ç U R T S N O C D M
M O T O R B E A T B A L Ã O
I J W L R R F C G B D R A T
I Q O J I U S I Z E D I A E
G U F X O T O L I P V U S M
G I J V Y Z M Z M T L A B P
Q P X N R A T S K O I G N O
T R I P U L A Ç Ã O B U M B
```

AVENTURA
DESCIDA
ATMOSFERA
INFLAR
BALÃO
TRIPULAÇÃO
CÉU
ALTURA
CONSTRUÇÃO

AR
MOTOR
NAVEGAR
PASSAGEIRO
PILOTO
HÉLICES
TURBULÊNCIA
HIDROGÊNIO
TEMPO

88 - Haartypen

```
D Q C P B R N C X Z Q N T E
G P T A R R P K U E N Z H N
L Q R Z R E A K C B K L K C
O S A N M E T N L I V A Q A
I U N I A K C O C E S Z K R
R A Ç C R K U A E O N I F A
O V A I R O L O C D N K S C
V E S B O D A Ç N A R T A O
M L Ç U M O G N O L J M U L
C A C H O S R F E U A F D A
L J X F T K O T Ç D Q M Á D
P G F P R D S Z H N N A V O
Y A Y F U Ç S A Z O F P E E
W Z U Q C I O P R A T A L C
```

LOIRO
MARROM
GROSSO
FINO
COLORI
TRANÇADO
SAUDÁVEL
CINZA
CARECA
CURTO

LONGO
CACHOS
ENCARACOLADO
PRETO
PRATA
SECO
SUAVE
BRANCO
ONDULADO
TRANÇAS

89 - Essen #1

```
V K L W C Y X M S E B B O U
U T Y I P C C I F T F L G S
V N D B M X Q D H I O E N O
A P O S O Ã C I R E J N A M
R M Z Z B B O S A L A H R V
E R E N A D A L A S Ç N O R
P W R N N C A R N E Ú F M U
C Z F C D H A L H O C U S P
W E A G S O W B É F A C C G
J B N J I D I A R N R E E L
Ç P I O N M Ç M J V H O B R
T H P N U A T U M G L J O D
J M S T B R P J I I A I L A
M N E W T U A L E N A C A P
```

MANJERICÃO	SUCO
PERA	SALADA
MORANGO	SAL
AMENDOIM	ESPINAFRE
CARNE	SOPA
CAFÉ	ATUM
CENOURA	CANELA
ALHO	LIMÃO
LEITE	AÇÚCAR
NABO	CEBOLA

90 - Ethik

```
C D G G S R A Z O Á V E L V
O I E D A D I R G E T N I H
M G X Ç B I X H Z A Q E Z I
P N E X E B F I O V G Y R O
A I C Y D F F O M N V Y Y S
I D H T O A O M S I M I T O
X A V Y R F V S I O C X N T
Ã D R G I J B Í L P L A V I
O E X J A T Q U A D V I Z E
V A L O R E S R E X D O F P
B O N D A D E T R D Q T V S
A I C N Â R E L O T Z Z Z E
O E D A D I L A N O I C A R
D I P L O M Á T I C O X E J
```

ALTRUÍSMO
DIPLOMÁTICO
BONDADE
INTEGRIDADE
COMPAIXÃO
OTIMISMO
FILOSOFIA
RACIONALIDADE

REALISMO
RESPEITOSO
TOLERÂNCIA
RAZOÁVEL
SABEDORIA
VALORES
DIGNIDADE

91 - Gebäude

```
F  L  A  K  G  W  S  O  M  E  F  C  E  L
E  A  D  N  E  T  C  L  U  N  Á  E  S  A
M  T  Z  H  O  T  E  L  S  O  B  L  T  B
B  I  E  E  F  K  X  Y  E  I  R  E  Á  O
A  P  T  P  N  K  Y  L  U  R  I  I  D  R
I  S  T  G  P  D  B  J  I  Ó  C  R  I  A
X  O  T  O  R  T  A  E  T  T  A  O  O  T
A  H  H  O  G  O  G  A  R  A  G  E  M  Ó
D  E  U  G  R  E  B  L  A  V  W  L  K  R
A  N  N  A  F  R  A  A  I  R  C  T  U  I
C  I  N  E  M  A  E  M  M  E  D  R  G  O
B  B  Z  E  S  C  O  L  A  S  O  V  P  T
F  A  K  Z  O  H  X  N  L  B  U  J  Q  S
Q  C  M  O  W  A  K  T  E  O  U  W  F  F
```

FAZENDA
EMBAIXADA
FÁBRICA
GARAGEM
ALBERGUE
HOTEL
CABINE
CINEMA
HOSPITAL

LABORATÓRIO
MUSEU
OBSERVATÓRIO
CELEIRO
ESCOLA
ESTÁDIO
TEATRO
TORRE
TENDA

92 - Mode

```
E  L  E  G  A  N  T  E  M  T  M  B  H  T
U  A  J  R  Y  G  T  D  O  E  I  O  L  E
Q  Q  A  P  X  R  P  F  D  C  N  R  H  X
I  N  O  E  R  Y  U  T  E  I  I  D  C  T
T  I  V  C  B  K  V  N  R  D  M  A  E  U
U  P  B  O  T  Õ  E  S  N  O  A  D  S  R
O  C  I  T  Á  R  P  W  O  I  L  O  T  A
B  O  T  S  E  D  O  M  S  E  I  L  I  S
Q  T  T  A  V  Ç  R  U  U  Q  S  R  L  I
O  R  I  G  I  N  A  L  P  V  T  E  O  M
W  W  B  G  U  G  C  Q  I  A  A  N  Z  P
C  O  N  F  O  R  T  Á  V  E  L  D  P  L
A  C  E  S  S  Í  V  E  L  S  E  A  Q  E
T  E  N  D  Ê  N  C  I  A  L  B  N  Ç  S
```

MODESTO	PRÁTICO
BOUTIQUE	RENDA
SIMPLES	BORDADO
ELEGANTE	ESTILO
ACESSÍVEL	TECIDO
ROUPA	BOTÕES
CONFORTÁVEL	CARO
MINIMALISTA	TEXTURA
MODERNO	TENDÊNCIA
ORIGINAL	

93 - Angeln

```
L V H Y A E O E X A G E R O
A I O Ç P C Y P C K Q P S
G N L K E A E K H S E V S E
O F F Ç Q I A E X I M K P P
Y I E I S A N A T A B R A B
B A R C O R O J Ç L T R B M
C E Q U I P A M E N T O R A
X O G X I N A S T F P T Â N
A D Z F G A N C H O I S N D
W S A I C N Ê I C A P O Q Í
Á G U A N C E S T A R C U B
R J Ç A U H A T A Y Z E I U
F K Ç D Ç B A G P L R F A L
K X Q U M X J R R M J D S A
```

EQUIPAMENTO
BARCO
FIO
BARBATANAS
RIO
PACIÊNCIA
PESO
GANCHO
MANDÍBULA

BRÂNQUIAS
COZINHAR
CESTA
ISCA
OCEANO
LAGO
PRAIA
EXAGERO
ÁGUA

94 - Essen #2

```
C K L M K X Z C A Q J R L E
O Ã P P A I D H E N Ç I E M
G I T R H Ç Z O R R A O Y W
U O R E F Y Ã C W Q R N F K
M G I S V Z C O V U F F A M
E U G U K E F L G E O W L B
L R O N V Z B A Y I H G E X
O T S T A Ç L T W J C A G Q
Y E Q O Ç M N E V O A N N D
T O M A T E Ê L A A C A I P
C E R E J A F N U W L I R E
B R Ó C O L I S D D A P E I
P R B E A F Ç P D O V O B X
K J A M O G R A P S A Y R E
```

MAÇÃ	CEREJA
ALCACHOFRA	AMÊNDOA
BERINGELA	COGUMELO
BANANA	ARROZ
BRÓCOLIS	PRESUNTO
PÃO	CHOCOLATE
OVO	AIPO
PEIXE	ASPARGO
IOGURTE	TOMATE
QUEIJO	TRIGO

95 - Energie

```
V  R  U  E  Y  P  T  C  P  V  P  D  J  E
E  L  E  V  Á  V  O  N  E  R  K  A  R  L
N  C  R  R  Q  M  W  L  C  A  L  O  R  É
T  O  Ç  G  F  E  N  G  U  H  G  K  O  T
O  M  R  A  E  L  C  U  N  I  X  C  T  R
I  B  A  S  N  X  O  O  D  C  Ç  J  O  I
N  U  B  O  R  L  E  S  E  I  D  Ã  M  C
D  S  M  L  O  B  A  T  E  R  I  A  O  O
Ú  T  O  I  N  Ê  G  O  R  D  I  H  B  M
S  Í  B  N  O  R  T  É  L  E  R  L  N  L
T  V  N  A  B  A  M  B  I  E  N  T  E  X
R  E  R  N  R  T  U  R  B  I  N  A  X  K
I  L  L  Ç  A  I  P  O  R  T  N  E  V  E
A  O  G  P  C  F  Ó  T  O  N  R  M  S  Q
```

BATERIA	CARBONO
GASOLINA	MOTOR
COMBUSTÍVEL	NUCLEAR
DIESEL	FÓTON
ELÉTRICO	SOL
ELÉTRON	TURBINA
ENTROPIA	AMBIENTE
RENOVÁVEL	POLUIÇÃO
CALOR	HIDROGÊNIO
INDÚSTRIA	VENTO

96 - Familie

```
M  C  W  Y  Ç  X  J  H  K  I  J  P  I  I
D  M  F  G  Z  M  B  E  W  L  D  Y  R  W
O  S  K  N  E  T  O  I  T  Q  N  Q  M  O
S  O  B  R  I  N  H  A  H  L  I  F  Ã  Q
I  A  N  K  L  B  E  S  W  T  G  K  W  O
E  N  V  R  N  T  J  O  M  I  R  P  Z  H
F  D  F  Ó  E  Q  Z  P  X  X  G  O  X  N
U  A  J  Â  R  T  A  S  A  V  Ô  U  T  I
U  U  W  C  N  E  A  E  I  X  W  R  F  R
M  Ã  E  C  E  C  M  P  T  Y  P  A  I  B
I  R  M  Ã  O  C  I  M  A  T  E  R  N  O
M  A  R  I  D  O  B  A  K  N  Z  X  X  S
Y  Z  C  R  I  A  N  Ç  A  T  G  C  J  Z
A  N  T  E  P  A  S  S  A  D  O  V  D  N
```

IRMÃO	SOBRINHO
ESPOSA	SOBRINHA
MARIDO	TIO
NETO	IRMÃ
AVÓ	TIA
AVÔ	FILHA
CRIANÇA	PAI
INFÂNCIA	PATERNO
MÃE	PRIMO
MATERNO	ANTEPASSADO

97 - Pflanzen

```
J  B  O  T  Â  N  I  C  A  P  F  P  S  P
A  H  E  R  A  R  O  L  F  É  L  L  N  I
R  P  R  F  O  R  M  A  K  T  O  F  Q  G
D  D  O  E  G  L  A  R  J  A  R  D  H  T
I  V  V  R  S  A  F  B  A  L  E  G  E  X
M  E  R  T  U  L  Ç  U  S  A  S  G  W  A
E  G  Á  I  M  A  O  S  G  O  T  C  A  C
G  E  Z  L  T  F  E  T  X  R  A  I  G  R
A  T  C  I  K  E  X  O  F  S  A  F  A  F
H  A  E  Z  B  A  M  B  U  E  S  M  B  G
L  Ç  U  A  I  V  R  A  I  Z  I  F  A  T
O  Ã  I  N  O  R  U  P  S  Y  Q  J  S  Z
F  O  S  T  C  E  W  O  E  S  R  X  Ã  F
I  E  X  E  I  B  X  Z  T  Z  M  Y  Y  O
```

BAMBU	FLORA
ÁRVORE	JARDIM
BAGA	GRAMA
FLOR	CACTO
PÉTALA	ERVA
FEIJÃO	FOLHAGEM
BOTÂNICA	MUSGO
ARBUSTO	VEGETAÇÃO
FERTILIZANTE	FLORESTA
HERA	RAIZ

98 - Kunst

```
H O N E S T O V I S U A L O
S X C O M P O S I Ç Ã O Ç R
U E P I N T U R A S W B O I
J L C O D D P X K I W C D G
E P G R E S C U L T U R A I
I M P X I Z G G T F D Q R N
T O X D S A O S R X Ç W I A
O C Z Ç E G R A I M U X P L
E X P R E S S Ã O M I D S H
C E R Â M I C A F R P K N V
S U R R E A L I S M O L I C
Ç C F R E T R A T A R T E Q
P E S S O A L H U M O R T S
P O E S I A M S Í M B O L O
```

EXPRESSÃO
HONESTO
SIMPLES
SUJEITO
PINTURAS
INSPIRADO
CERÂMICA
COMPLEXO
ORIGINAL
PESSOAL

POESIA
RETRATAR
CRIAR
ESCULTURA
HUMOR
SURREALISMO
SÍMBOLO
VISUAL
COMPOSIÇÃO

99 - Gewürze

```
C  U  I  J  A  E  G  F  A  C  A  R  I  L
A  X  Z  G  N  C  E  U  L  K  J  R  M  Z
R  X  U  E  I  Z  N  N  C  Y  S  F  I  W
D  X  O  P  S  A  G  C  A  L  O  B  E  C
A  B  V  J  I  T  I  H  Ç  T  P  D  E  O
M  W  A  R  Q  N  B  O  U  N  P  O  Y  Ã
O  K  R  U  Z  E  R  K  Z  C  Á  C  K  R
M  I  C  P  N  M  E  Ç  P  G  P  E  W  F
O  V  S  A  L  I  B  X  O  G  R  A  M  A
S  A  B  O  R  P  L  O  D  L  I  A  E  Ç
I  W  A  B  M  O  M  H  H  Z  C  Z  G  A
M  T  A  V  J  H  K  U  A  Q  A  E  A  M
L  C  A  N  E  L  A  A  L  L  J  D  J  E
O  R  M  A  D  A  C  S  O  M  Z  O  N  M
```

ANIS	CRAVO
AMARGO	PÁPRICA
CARIL	PIMENTA
FUNCHO	AÇAFRÃO
SABOR	SAL
GENGIBRE	AZEDO
CARDAMOMO	DOCE
ALHO	BAUNILHA
ALCAÇUZ	CANELA
NOZ-MOSCADA	CEBOLA

100 - Kreativität

```
I  M  A  G  I  N  A  Ç  Ã  O  Ç  K  Q  S
A  Z  E  R  A  L  C  O  W  W  T  Q  R  E
E  U  Y  T  V  I  O  X  Ç  K  U  G  J  N
S  V  T  M  Z  O  Ã  Ç  A  S  N  E  S  T
P  I  F  E  O  Ã  Ç  I  U  T  N  I  D  I
O  S  L  G  N  O  A  V  Ç  R  O  J  N  M
N  Õ  U  A  N  T  R  K  S  A  B  E  Q  E
T  E  I  M  O  V  I  T  N  E  V  N  I  N
Â  S  D  I  Q  A  P  C  E  D  D  E  I  T
N  S  E  Y  F  G  S  C  I  O  Ç  L  B  O
E  V  Z  G  M  R  N  V  X  D  O  K  S  S
A  P  Z  Ç  Ç  L  I  T  M  W  A  K  G  W
D  R  A  M  Á  T  I  C  O  Ç  R  D  R  Ç
H  A  B  I  L  I  D  A  D  E  T  B  E  D
```

AUTENTICIDADE	INSPIRAÇÃO
IMAGEM	INTUIÇÃO
DRAMÁTICO	CLAREZA
INVENTIVO	IMAGINAÇÃO
HABILIDADE	SENSAÇÃO
FLUIDEZ	ESPONTÂNEA
SENTIMENTOS	VISÕES

1 - Geschäft

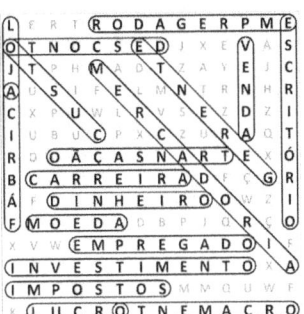

2 - Ingenieurwesen

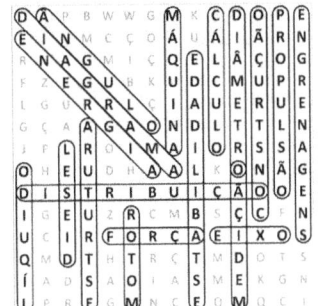

3 - Kaffee

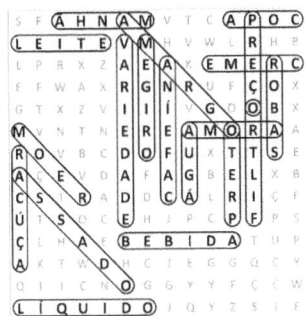

4 - Gemüse

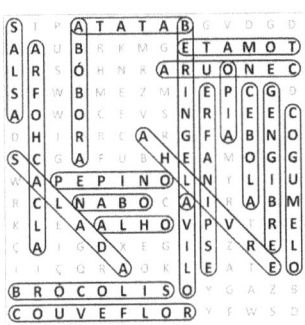

5 - Schönheit

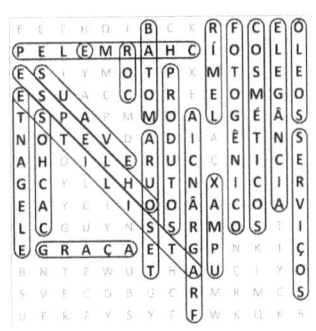

6 - Tanzen

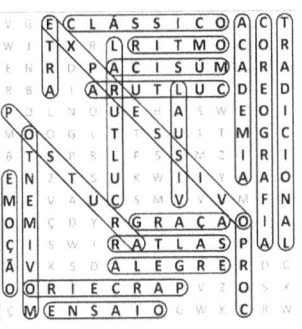

7 - Ernährung

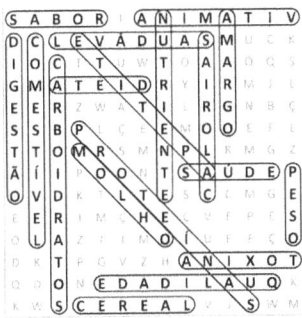

8 - Länder #1

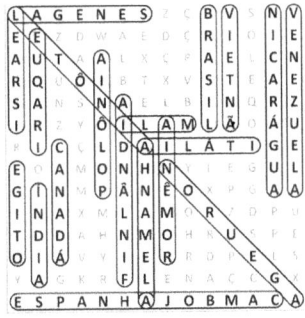

9 - Technologie

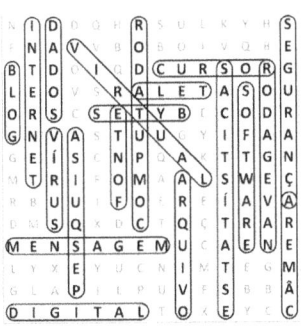

10 - Wasser

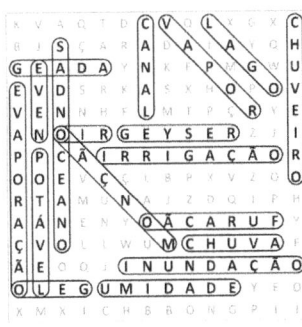

11 - Science Fiction

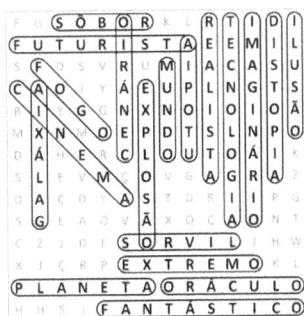

12 - Literatur

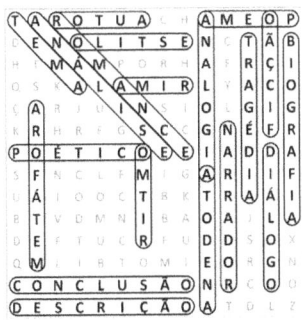

13 - Wandern

14 - Länder #2
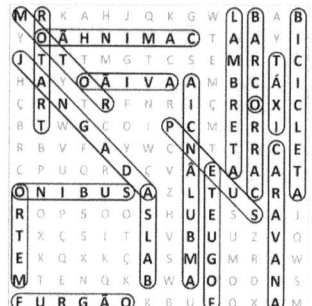

15 - Fahrzeuge
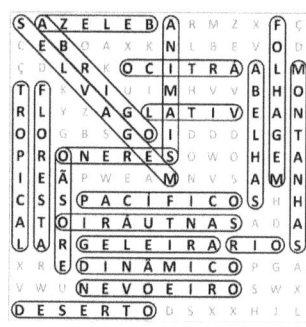

16 - Musikinstrumente
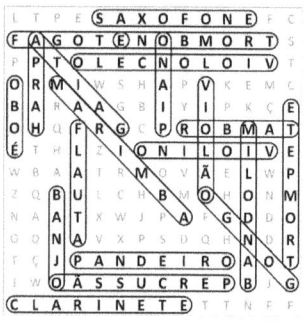

17 - Blumen
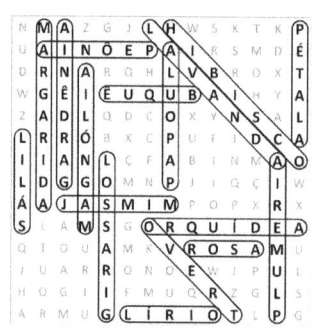

18 - Natur
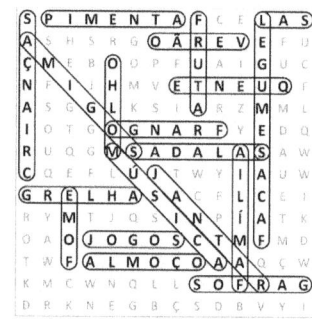

19 - Urlaub #2
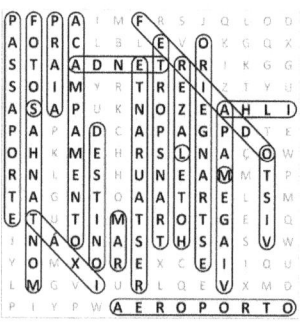

20 - Zirkus
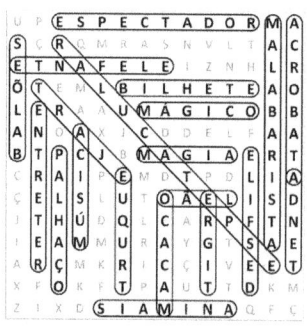

21 - Barbecues
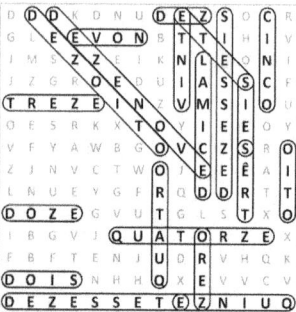

22 - Küche
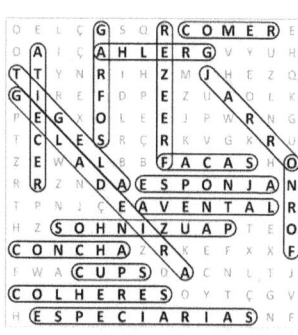

23 - Geographie
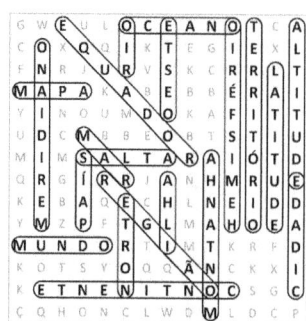

24 - Zahlen

25 - Tage und Monate

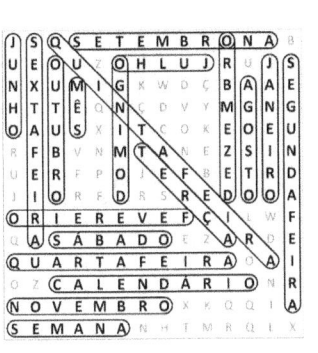

26 - Das Unternehmen

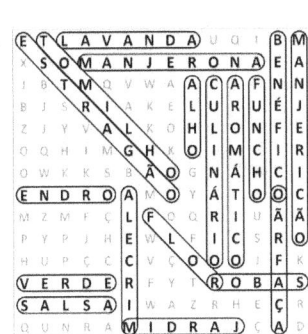

27 - Kräuterkunde

28 - Aktivitäten und Freizeit

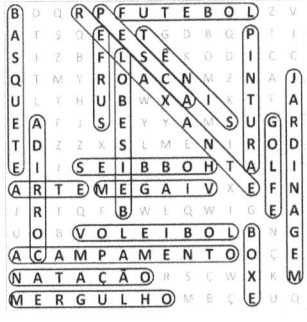

29 - Formen

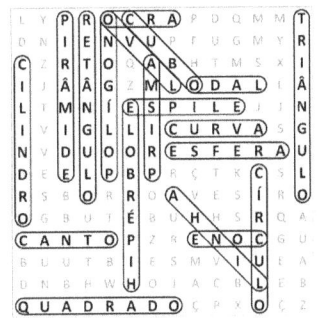

30 - Musik

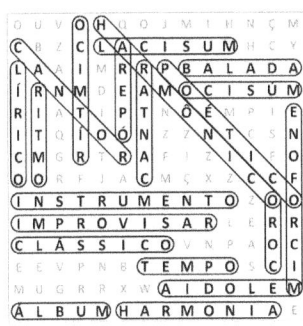

31 - Antiquitäten

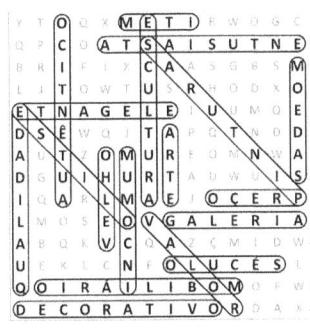

32 - Adjektive #2

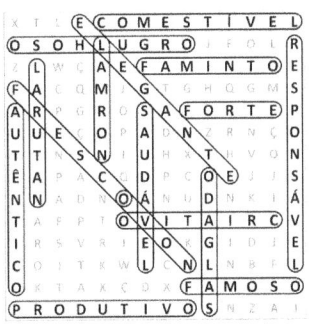

33 - Kleidung

34 - Haus

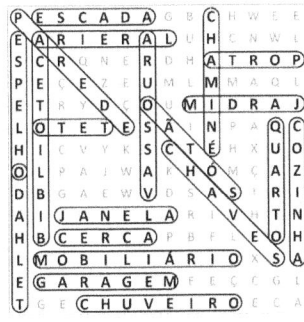

35 - Bauernhof #1

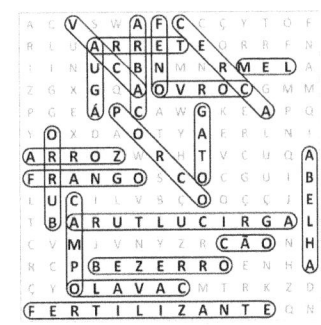

36 - Regierung

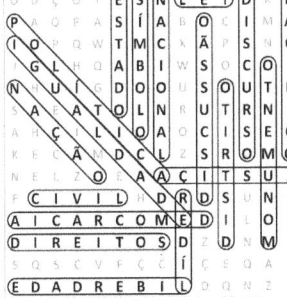

37 - Berufe #1

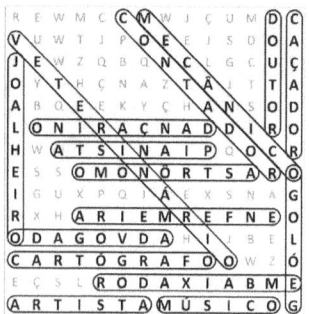

38 - Adjektive #1

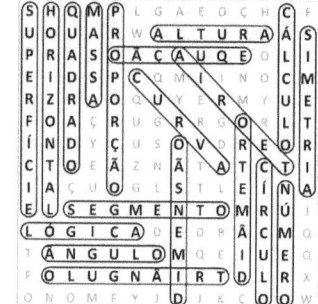

39 - Geometrie

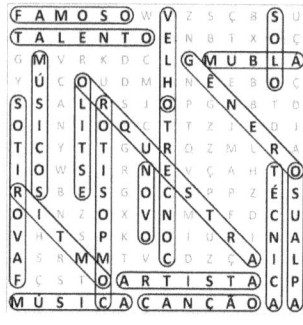

40 - Jazz

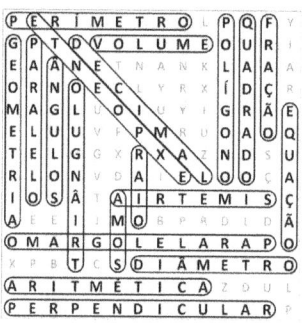

41 - Mathematik

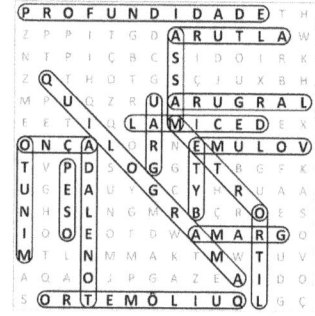

42 - Messungen

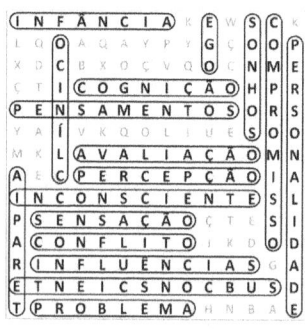

43 - Psychologie

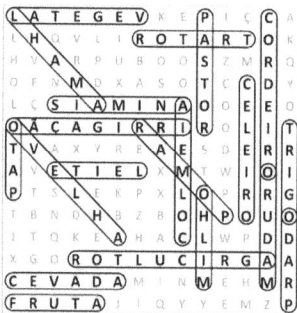

44 - Bauernhof #2

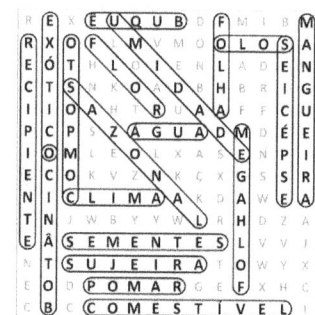

45 - Gartenarbeit

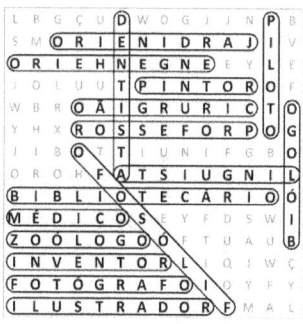

46 - Berufe #2

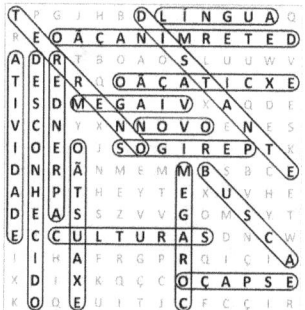

47 - Erforschung

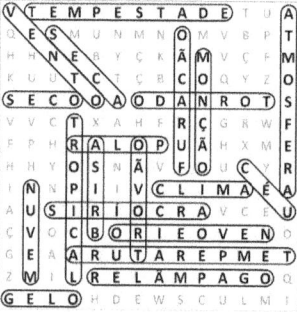

48 - Wetter

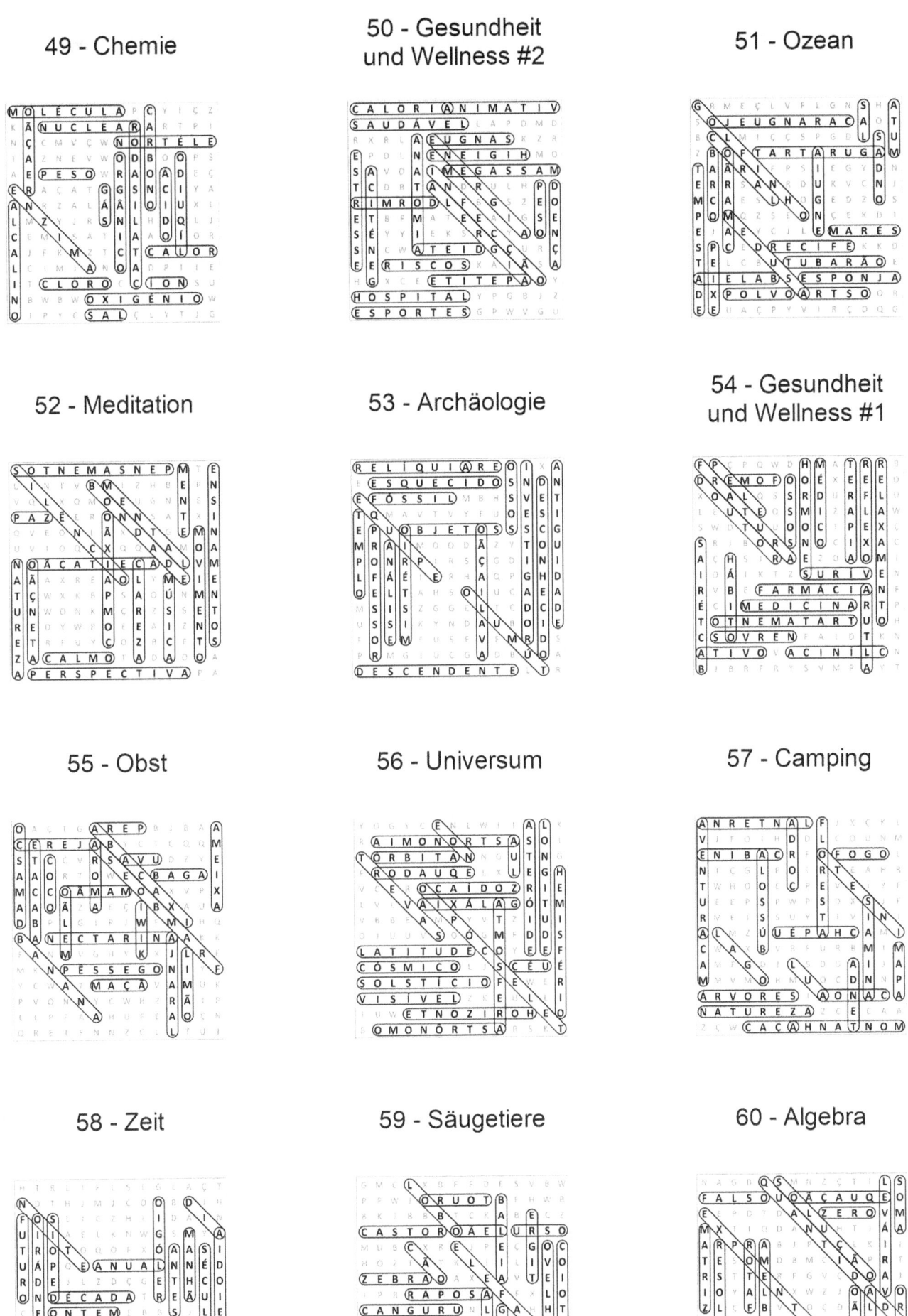

49 - Chemie

50 - Gesundheit und Wellness #2

51 - Ozean

52 - Meditation

53 - Archäologie

54 - Gesundheit und Wellness #1

55 - Obst

56 - Universum

57 - Camping

58 - Zeit

59 - Säugetiere

60 - Algebra

61 - Philanthropie

62 - Diplomatie

63 - Astronomie

64 - Ballett

65 - Geologie

66 - Wissenschaft

67 - Bildende Kunst

68 - Sport

69 - Mythologie

70 - Restaurant #2

71 - Ökologie

72 - Schokolade

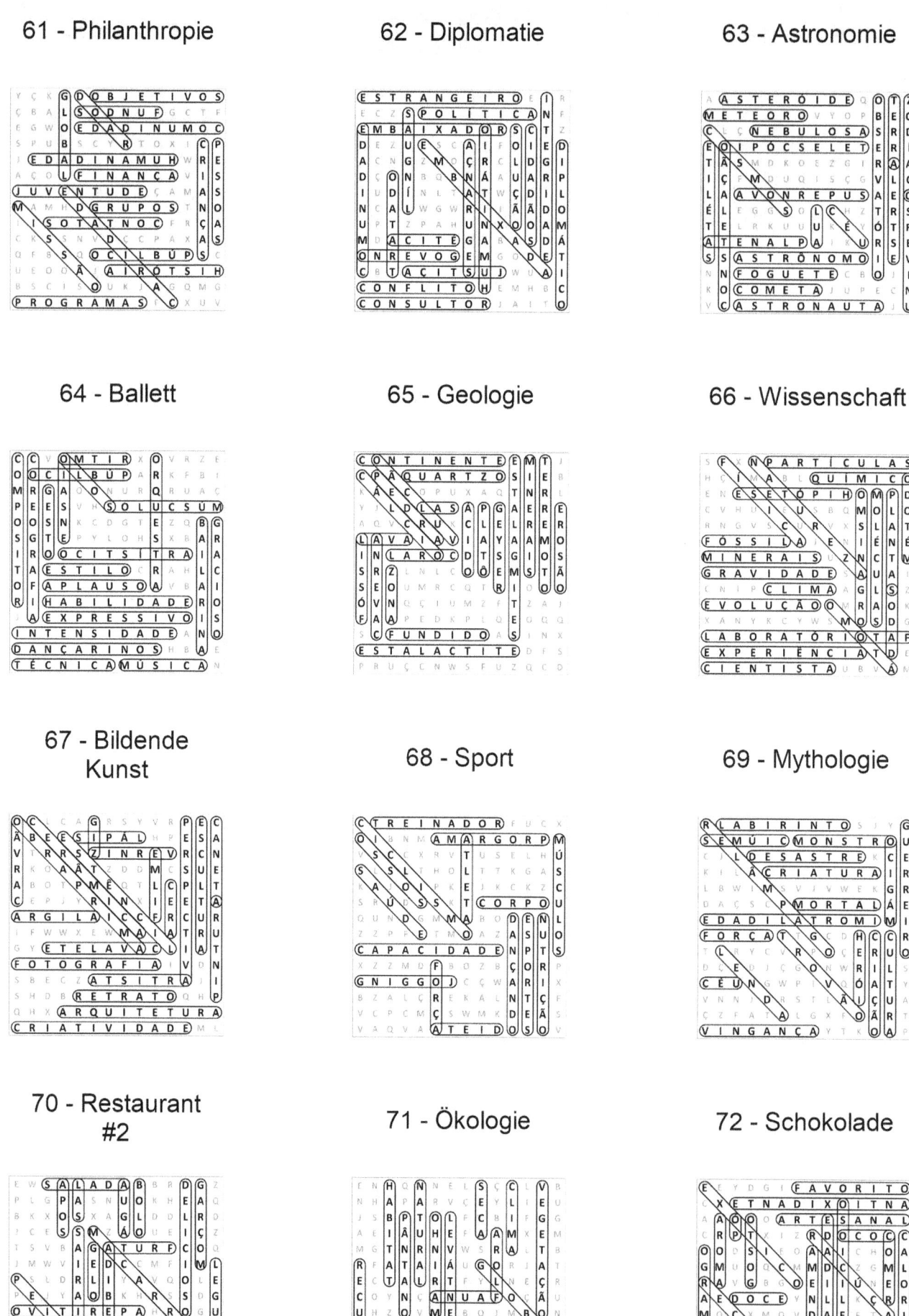

73 - Boote

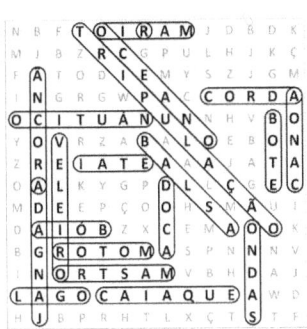

74 - Stadt

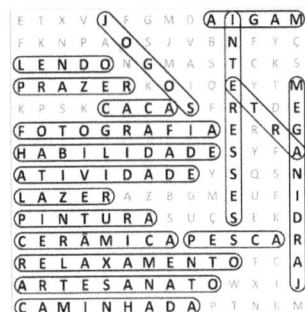

75 - Aktivitäten

76 - Bienen

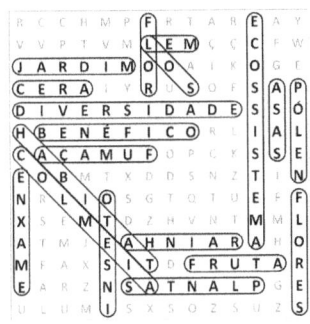

77 - Wissenschaftliche

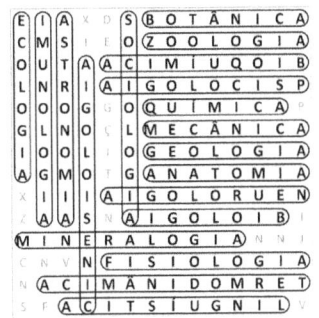

78 - Vögel

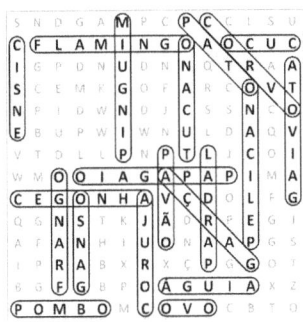

79 - Garten

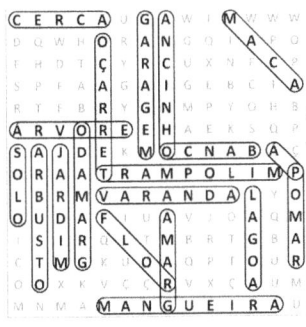

80 - Antarktis

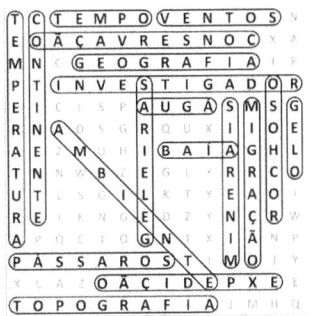

81 - Fahren

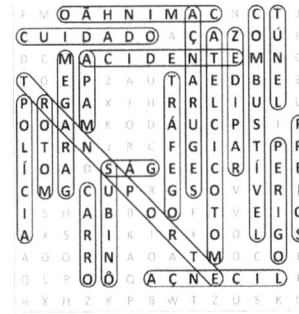

82 - Physik

83 - Bücher

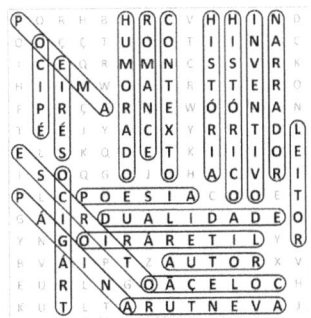

84 - Menschlicher Körper

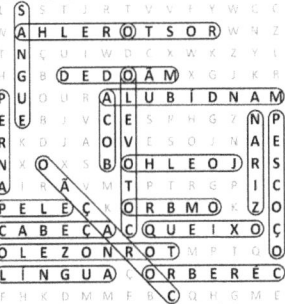

85 - Landschaften

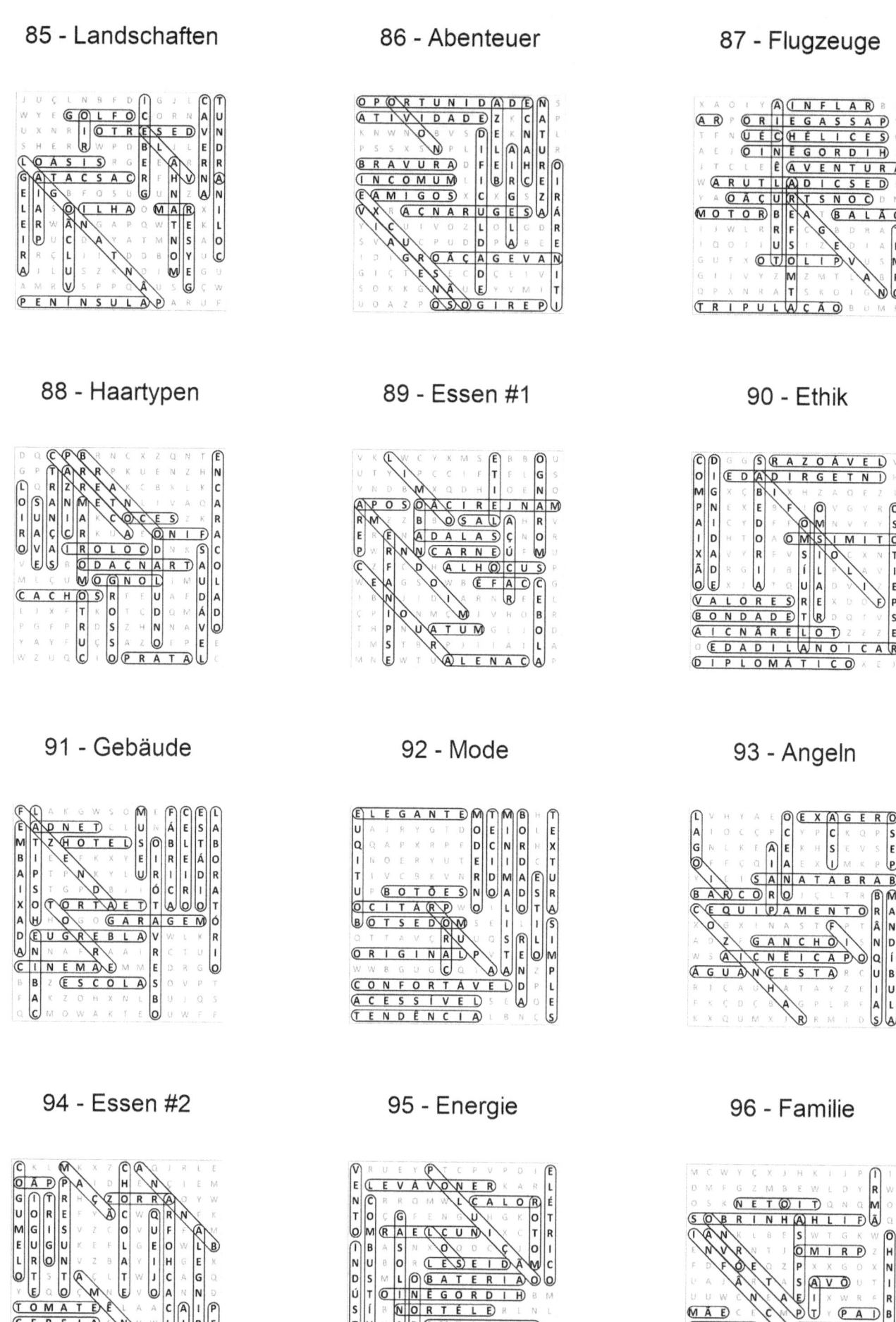

86 - Abenteuer

87 - Flugzeuge

88 - Haartypen

89 - Essen #1

90 - Ethik

91 - Gebäude

92 - Mode

93 - Angeln

94 - Essen #2

95 - Energie

96 - Familie

97 - Pflanzen

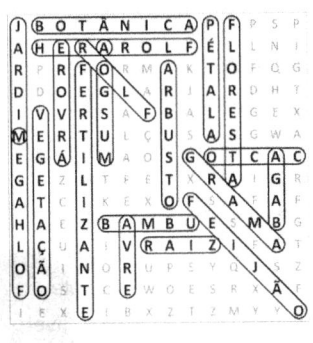

98 - Kunst

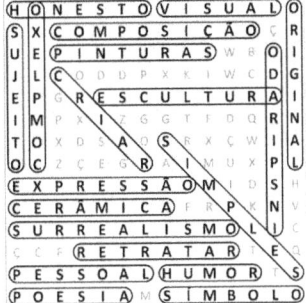

99 - Gewürze

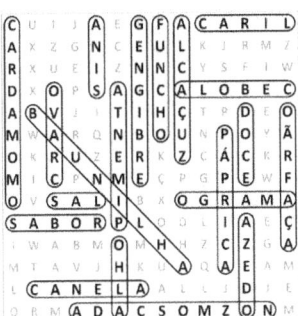

100 - Kreativität

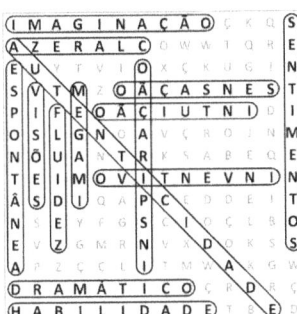

Wörterbuch

Abenteuer
Aventura

Aktivität	Atividade
Ausflug	Excursão
Chance	Chance
Freude	Alegria
Freunde	Amigos
Gefährlich	Perigoso
Gelegenheit	Oportunidade
Natur	Natureza
Navigation	Navegação
Neu	Novo
Reisen	Viagens
Route	Itinerário
Schönheit	Beleza
Schwierigkeit	Dificuldade
Sicherheit	Segurança
Tapferkeit	Bravura
Ungewöhnlich	Incomum
Überraschend	Surpreendente
Vorbereitung	Preparação
Ziel	Destino

Adjektive #1
Adjetivos #1

Absolut	Absoluto
Aktiv	Ativo
Aromatisch	Aromático
Attraktiv	Atraente
Dunkel	Escuro
Dünn	Fino
Ehrlich	Honesto
Glücklich	Feliz
Identisch	Idêntico
Künstlerisch	Artístico
Langsam	Lento
Modern	Moderno
Perfekt	Perfeito
Riesig	Enorme
Schön	Bela
Schwer	Pesado
Tief	Fundo
Unschuldig	Inocente
Wertvoll	Valioso
Wichtig	Importante

Adjektive #2
Adjetivos #2

Authentisch	Autêntico
Berühmt	Famoso
Beschreibend	Descritivo
Dramatisch	Dramático
Elegant	Elegante
Essbar	Comestível
Frisch	Fresco
Gesund	Saudável
Hungrig	Faminto
Interessant	Interessante
Kreativ	Criativo
Natürlich	Natural
Neu	Novo
Normal	Normal
Produktiv	Produtivo
Salzig	Salgado
Stark	Forte
Stolz	Orgulhoso
Verantwortlich	Responsável
Wild	Selvagem

Aktivitäten
Atividades

Aktivität	Atividade
Angeln	Pesca
Entspannung	Relaxamento
Fähigkeit	Habilidade
Fotografie	Fotografia
Freizeit	Lazer
Gartenarbeit	Jardinagem
Gemälde	Pintura
Interessen	Interesses
Jagd	Caca
Keramik	Cerâmica
Kunst	Arte
Kunsthandwerk	Artesanato
Lesen	Lendo
Magie	Magia
Spiele	Jogos
Vergnügen	Prazer
Wandern	Caminhada

Aktivitäten und Freizeit
Atividades e Lazer

Angeln	Pesca
Baseball	Beisebol
Basketball	Basquete
Boxen	Boxe
Camping	Acampamento
Entspannend	Relaxante
Fussball	Futebol
Gartenarbeit	Jardinagem
Gemälde	Pintura
Golf	Golfe
Hobbies	Hobbies
Kunst	Arte
Reise	Viagem
Rennen	Corrida
Schwimmen	Natação
Surfen	Surfe
Tauchen	Mergulho
Tennis	Tênis
Volleyball	Voleibol
Wandern	Caminhada

Algebra
Álgebra

Bruchteil	Fração
Diagramm	Diagrama
Exponent	Expoente
Faktor	Fator
Falsch	Falso
Formel	Fórmula
Gleichung	Equação
Linear	Linear
Lösen	Resolver
Lösung	Solução
Matrix	Matriz
Menge	Quantidade
Null	Zero
Nummer	Número
Problem	Problema
Subtraktion	Subtração
Summe	Soma
Unendlich	Infinito
Variable	Variável
Vereinfachen	Simplificar

Angeln
Pesca

Ausrüstung	Equipamento
Boot	Barco
Draht	Fio
Flossen	Barbatanas
Fluss	Rio
Geduld	Paciência
Gewicht	Peso
Haken	Gancho
Jahreszeit	Temporada
Kiefer	Mandíbula
Kiemen	Brânquias
Kochen	Cozinhar
Korb	Cesta
Köder	Isca
Ozean	Oceano
See	Lago
Strand	Praia
Übertreibung	Exagero
Wasser	Água

Antarktis
Antártica

Bucht	Baía
Eis	Gelo
Erhaltung	Conservação
Expedition	Expedição
Felsig	Rochoso
Forscher	Investigador
Geographie	Geografia
Gletscher	Geleiras
Halbinsel	Península
Kontinent	Continente
Migration	Migração
Mineralien	Minerais
Temperatur	Temperatura
Topographie	Topografia
Umwelt	Ambiente
Vögel	Pássaros
Wasser	Água
Wetter	Tempo
Wind	Ventos
Wissenschaftlich	Científico

Antiquitäten
Antiguidades

Alt	Velho
Artikel	Item
Authentisch	Autêntico
Dekorativ	Decorativo
Elegant	Elegante
Enthusiast	Entusiasta
Galerie	Galeria
Gemälde	Pinturas
Investition	Investimento
Jahrhundert	Século
Kunst	Arte
Möbel	Mobiliário
Münzen	Moedas
Preis	Preço
Qualität	Qualidade
Skulptur	Escultura
Stil	Estilo
Ungewöhnlich	Incomum
Wert	Valor
Zustand	Condição

Archäologie
Arqueologia

Analyse	Análise
Antiquität	Antiguidade
Auswertung	Avaliação
Ära	Era
Experte	Especialista
Forscher	Investigador
Fossil	Fóssil
Geheimnis	Mistério
Grab	Túmulo
Knochen	Ossos
Mannschaft	Equipe
Nachkomme	Descendente
Objekte	Objetos
Professor	Professor
Relikt	Relíquia
Tempel	Templo
Unbekannt	Desconhecido
Vergessen	Esquecido
Zivilisation	Civilização

Astronomie
Astronomia

Asteroid	Asteróide
Astronaut	Astronauta
Astronom	Astrônomo
Erde	Terra
Himmel	Céu
Komet	Cometa
Konstellation	Constelação
Kosmos	Cosmos
Meteor	Meteoro
Mond	Lua
Nebel	Nebulosa
Observatorium	Observatório
Planet	Planeta
Rakete	Foguete
Satellit	Satélite
Stern	Estrela
Supernova	Supernova
Teleskop	Telescópio
Tierkreis	Zodíaco
Universum	Universo

Ballett
Balé

Anmutig	Gracioso
Applaus	Aplauso
Ausdrucksvoll	Expressivo
Ballerina	Bailarina
Choreographie	Coreografia
Fähigkeit	Habilidade
Geste	Gesto
Intensität	Intensidade
Komponist	Compositor
Künstlerisch	Artístico
Musik	Música
Muskel	Músculos
Orchester	Orquestra
Probe	Ensaio
Publikum	Público
Rhythmus	Ritmo
Solo	Solo
Stil	Estilo
Tänzer	Dançarinos
Technik	Técnica

Barbecues
Churrascos

Abendessen	Jantar
Familie	Família
Freunde	Amigos
Frucht	Fruta
Gabeln	Garfos
Gemüse	Legumes
Grill	Grelha
Heiss	Quente
Huhn	Frango
Hunger	Fome
Kinder	Crianças
Messer	Facas
Mittagessen	Almoço
Musik	Música
Pfeffer	Pimenta
Salate	Saladas
Salz	Sal
Sommer	Verão
Sosse	Molho
Spiele	Jogos

Bauernhof #1
Fazenda #1

Biene	Abelha
Dünger	Fertilizante
Esel	Burro
Feld	Campo
Heu	Feno
Honig	Mel
Huhn	Frango
Hund	Cão
Kalb	Bezerro
Katze	Gato
Krähe	Corvo
Kuh	Vaca
Land	Terra
Landwirtschaft	Agricultura
Pferd	Cavalo
Reis	Arroz
Schwein	Porco
Wasser	Água
Zaun	Cerca
Ziege	Cabra

Bauernhof #2
Fazenda #2

Bauer	Agricultor
Bewässerung	Irrigação
Bienenstock	Colmeia
Ente	Pato
Frucht	Fruta
Gemüse	Vegetal
Gerste	Cevada
Lama	Lhama
Lamm	Cordeiro
Mais	Milho
Milch	Leite
Obstgarten	Pomar
Reif	Maduro
Schaf	Ovelha
Schäfer	Pastor
Scheune	Celeiro
Tiere	Animais
Traktor	Trator
Weizen	Trigo
Wiese	Prado

Berufe #1
Profissões #1

Arzt	Doutor
Astronom	Astrônomo
Bankier	Banqueiro
Botschafter	Embaixador
Buchhalter	Contador
Geologe	Geólogo
Jäger	Caçador
Juwelier	Joalheiro
Kartograph	Cartógrafo
Klempner	Encanador
Krankenschwester	Enfermeira
Künstler	Artista
Mechaniker	Mecânico
Musiker	Músico
Pianist	Pianista
Psychologe	Psicólogo
Rechtsanwalt	Advogado
Tänzer	Dançarino
Tierarzt	Veterinário
Trainer	Treinador

Berufe #2
Profissões #2

Arzt	Médico
Astronaut	Astronauta
Bibliothekar	Bibliotecário
Biologe	Biólogo
Chirurg	Cirurgião
Detektiv	Detetive
Erfinder	Inventor
Forscher	Investigador
Fotograf	Fotógrafo
Gärtner	Jardineiro
Illustrator	Ilustrador
Ingenieur	Engenheiro
Journalist	Jornalista
Lehrer	Professor
Linguist	Linguista
Maler	Pintor
Philosoph	Filósofo
Pilot	Piloto
Zahnarzt	Dentista
Zoologe	Zoólogo

Bienen
Abelhas

Bienenkorb	Colmeia
Blumen	Flores
Blüte	Flor
Flügel	Asas
Frucht	Fruta
Garten	Jardim
Honig	Mel
Insekt	Inseto
Königin	Rainha
Lebensraum	Habitat
Ökosystem	Ecossistema
Pflanzen	Plantas
Pollen	Pólen
Rauch	Fumaça
Schwarm	Enxame
Sonne	Sol
Vielfalt	Diversidade
Vorteilhaft	Benéfico
Wachs	Cera

Bildende Kunst
Artes Visuais

Architektur	Arquitetura
Bleistift	Lápis
Film	Filme
Foto	Fotografia
Gemälde	Pintura
Holzkohle	Carvão
Keramik	Cerâmica
Kreativität	Criatividade
Kreide	Giz
Künstler	Artista
Lack	Verniz
Meisterwerk	Obra-Prima
Perspektive	Perspectiva
Porträt	Retrato
Schablone	Estêncil
Skulptur	Escultura
Staffelei	Cavalete
Stift	Caneta
Ton	Argila
Wachs	Cera

Blumen
Flores

Blütenblatt	Pétala
Gardenie	Gardênia
Gänseblümchen	Margarida
Hibiskus	Hibisco
Jasmin	Jasmim
Klee	Trevo
Lavendel	Lavanda
Lila	Lilás
Lilie	Lírio
Löwenzahn	Dente-De-Leão
Magnolie	Magnólia
Mohn	Papoula
Orchidee	Orquídea
Pfingstrose	Peônia
Plumeria	Plumeria
Rose	Rosa
Sonnenblume	Girassol
Strauss	Buquê
Tulpe	Tulipa

Boote
Barcos

Anker	Âncora
Boje	Bóia
Crew	Tripulação
Dock	Doca
Fähre	Balsa
Floss	Jangada
Fluss	Rio
Kajak	Caiaque
Kanu	Canoa
Mast	Mastro
Meer	Mar
Motor	Motor
Nautisch	Náutico
Ozean	Oceano
Rettungsboot	Bote
See	Lago
Segelboot	Veleiro
Seil	Corda
Wellen	Ondas
Yacht	Iate

Bücher
Livros

Abenteuer	Aventura
Autor	Autor
Dualität	Dualidade
Episch	Épico
Erfinderisch	Inventivo
Erzähler	Narrador
Gedicht	Poema
Geschichte	História
Geschrieben	Escrito
Historisch	Histórico
Humorvoll	Humorado
Kollektion	Coleção
Kontext	Contexto
Leser	Leitor
Literarisch	Literário
Poesie	Poesia
Roman	Romance
Seite	Página
Serie	Série
Tragisch	Trágico

Camping
Acampamento

Abenteuer	Aventura
Bäume	Árvores
Berg	Montanha
Feuer	Fogo
Hängematte	Maca
Hut	Chapéu
Insekt	Inseto
Jagd	Caça
Kabine	Cabine
Kanu	Canoa
Karte	Mapa
Kompass	Bússola
Laterne	Lanterna
Mond	Lua
Natur	Natureza
See	Lago
Seil	Corda
Tiere	Animais
Wald	Floresta
Zelt	Tenda

Chemie
Química

Alkalisch	Alcalino
Chlor	Cloro
Elektron	Elétron
Enzym	Enzima
Flüssigkeit	Líquido
Gas	Gás
Gewicht	Peso
Hitze	Calor
Ion	Íon
Katalysator	Catalisador
Kohlenstoff	Carbono
Molekül	Molécula
Nuklear	Nuclear
Organisch	Orgânico
Reaktion	Reação
Salz	Sal
Sauerstoff	Oxigénio
Säure	Ácido
Temperatur	Temperatura
Wasserstoff	Hidrogênio

Das Unternehmen
A Empresa

Beschäftigung	Emprego
Einheiten	Unidades
Einnahmen	Receita
Entscheidung	Decisão
Fortschritt	Progresso
Geschäft	Negócio
Global	Global
Industrie	Indústria
Innovativ	Inovador
Investition	Investimento
Kreativ	Criativo
Möglichkeit	Possibilidade
Präsentation	Apresentação
Produkt	Produto
Professionell	Profissional
Qualität	Qualidade
Ressourcen	Recursos
Risiken	Riscos
Ruf	Reputação

Diplomatie
Diplomacia

Ausländisch	Estrangeiro
Berater	Consultor
Botschaft	Embaixada
Botschafter	Embaixador
Bürger	Cidadãos
Diplomatisch	Diplomático
Diskussion	Discussão
Ethik	Ética
Gemeinschaft	Comunidade
Gerechtigkeit	Justiça
Humanitär	Humanitário
Integrität	Integridade
Konflikt	Conflito
Lösung	Solução
Politik	Política
Regierung	Governo
Sicherheit	Segurança
Sprachen	Línguas
Vertrag	Tratado
Zusammenarbeit	Cooperação

Energie
Energia

Batterie	Bateria
Benzin	Gasolina
Brennstoff	Combustível
Diesel	Diesel
Elektrisch	Elétrico
Elektron	Elétron
Entropie	Entropia
Erneuerbar	Renovável
Hitze	Calor
Industrie	Indústria
Kohlenstoff	Carbono
Motor	Motor
Nuklear	Nuclear
Photon	Fóton
Sonne	Sol
Turbine	Turbina
Umwelt	Ambiente
Verschmutzung	Poluição
Wasserstoff	Hidrogênio
Wind	Vento

Erforschung
Exploração

Aktivität	Atividade
Aufregung	Excitação
Entdeckung	Descoberta
Entschlossenheit	Determinação
Erschöpfung	Exaustão
Fern	Distante
Gefahren	Perigos
Gelände	Terreno
Kulturen	Culturas
Lernen	Aprender
Mut	Coragem
Neu	Novo
Raum	Espaço
Reise	Viagem
Sprache	Língua
Suche	Busca
Tiere	Animais
Unbekannt	Desconhecido
Wild	Selvagem

Ernährung
Nutrição

Appetit	Apetite
Ausgewogen	Equilibrado
Bitter	Amargo
Diät	Dieta
Essbar	Comestível
Fermentation	Fermentação
Geschmack	Sabor
Gesund	Saudável
Gesundheit	Saúde
Getreide	Cereal
Gewicht	Peso
Kalorien	Calorias
Kohlenhydrate	Carboidratos
Nährstoff	Nutriente
Proteine	Proteínas
Qualität	Qualidade
Sosse	Molho
Toxin	Toxina
Verdauung	Digestão
Vitamin	Vitamina

Essen #1
Comida #1

Basilikum	Manjericão
Birne	Pera
Erdbeere	Morango
Erdnuss	Amendoim
Fleisch	Carne
Kaffee	Café
Karotte	Cenoura
Knoblauch	Alho
Milch	Leite
Rübe	Nabo
Saft	Suco
Salat	Salada
Salz	Sal
Spinat	Espinafre
Suppe	Sopa
Thunfisch	Atum
Zimt	Canela
Zitrone	Limão
Zucker	Açúcar
Zwiebel	Cebola

Essen #2
Comida # 2

Apfel	Maçã
Artischocke	Alcachofra
Aubergine	Beringela
Banane	Banana
Brokkoli	Brócolis
Brot	Pão
Ei	Ovo
Fisch	Peixe
Joghurt	Iogurte
Käse	Queijo
Kirsche	Cereja
Mandel	Amêndoa
Pilz	Cogumelo
Reis	Arroz
Schinken	Presunto
Schokolade	Chocolate
Sellerie	Aipo
Spargel	Aspargo
Tomate	Tomate
Weizen	Trigo

Ethik
Ética

Altruismus	Altruísmo
Diplomatisch	Diplomático
Ehrlichkeit	Honestidade
Freundlichkeit	Bondade
Geduld	Paciência
Integrität	Integridade
Menschheit	Humanidade
Mitgefühl	Compaixão
Optimismus	Otimismo
Philosophie	Filosofia
Rationalität	Racionalidade
Realismus	Realismo
Respektvoll	Respeitoso
Toleranz	Tolerância
Vernünftig	Razoável
Weisheit	Sabedoria
Werte	Valores
Wohlwollend	Benevolente
Würde	Dignidade
Zusammenarbeit	Cooperação

Fahren
Dirigindo

Auto	Carro
Bremsen	Freios
Brennstoff	Combustível
Bus	Ônibus
Garage	Garagem
Gas	Gás
Gefahr	Perigo
Geschwindigkeit	Rapidez
Karte	Mapa
Lizenz	Licença
Lkw	Caminhão
Motor	Motor
Motorrad	Motocicleta
Polizei	Polícia
Sicherheit	Segurança
Transport	Transporte
Tunnel	Túnel
Unfall	Acidente
Verkehr	Tráfego
Vorsicht	Cuidado

Fahrzeuge
Veículos

Auto	Carro
Boot	Barco
Bus	Ônibus
Fahrrad	Bicicleta
Fähre	Balsa
Floss	Jangada
Flugzeug	Avião
Hubschrauber	Helicóptero
Krankenwagen	Ambulância
Lkw	Caminhão
Motor	Motor
Rakete	Foguete
Reifen	Pneus
Roller	Lambreta
Taxi	Táxi
Traktor	Trator
U-Bahn	Metrô
U-Boot	Submarino
Van	Furgão
Wohnwagen	Caravana

Familie
Família

Bruder	Irmão
Ehefrau	Esposa
Ehemann	Marido
Enkel	Neto
Grossmutter	Avó
Grossvater	Avô
Kind	Criança
Kindheit	Infância
Mutter	Mãe
Mütterlich	Materno
Neffe	Sobrinho
Nichte	Sobrinha
Onkel	Tio
Schwester	Irmã
Tante	Tia
Tochter	Filha
Vater	Pai
Väterlich	Paterno
Vetter	Primo
Vorfahr	Antepassado

Flugzeuge
Aviões

Abenteuer	Aventura
Abstieg	Descida
Atmosphäre	Atmosfera
Aufblasen	Inflar
Ballon	Balão
Brennstoff	Combustível
Crew	Tripulação
Geschichte	História
Himmel	Céu
Höhe	Altura
Konstruktion	Construção
Luft	Ar
Motor	Motor
Navigieren	Navegar
Passagier	Passageiro
Pilot	Piloto
Propeller	Hélices
Turbulenz	Turbulência
Wasserstoff	Hidrogênio
Wetter	Tempo

Formen
Formas

Bogen	Arco
Dreieck	Triângulo
Ecke	Canto
Ellipse	Elipse
Hyperbel	Hipérbole
Kegel	Cone
Kreis	Círculo
Kugel	Esfera
Kurve	Curva
Linie	Linha
Oval	Oval
Polygon	Polígono
Prisma	Prisma
Pyramide	Pirâmide
Quadrat	Quadrado
Rechteck	Retângulo
Seite	Lado
Würfel	Cubo
Zylinder	Cilindro

Garten
Jardim

Bank	Banco
Baum	Árvore
Blume	Flor
Boden	Solo
Busch	Arbusto
Garage	Garagem
Garten	Jardim
Gras	Grama
Hängematte	Maca
Obstgarten	Pomar
Rasen	Gramado
Rechen	Ancinho
Schaufel	Pá
Schlauch	Mangueira
Teich	Lagoa
Terrasse	Terraço
Trampolin	Trampolim
Veranda	Varanda
Zaun	Cerca

Gartenarbeit
Jardinagem

Art	Espécies
Blatt	Folha
Blüte	Flor
Boden	Solo
Botanisch	Botânico
Container	Recipiente
Essbar	Comestível
Exotisch	Exótico
Feuchtigkeit	Umidade
Klima	Clima
Kompost	Composto
Laub	Folhagem
Obstgarten	Pomar
Saat	Sementes
Saisonal	Sazonal
Schlauch	Mangueira
Schmutz	Sujeira
Strauss	Buquê
Wasser	Água

Gebäude
Edifícios

Bauernhof	Fazenda
Botschaft	Embaixada
Fabrik	Fábrica
Garage	Garagem
Herberge	Albergue
Hotel	Hotel
Kabine	Cabine
Kino	Cinema
Krankenhaus	Hospital
Labor	Laboratório
Museum	Museu
Observatorium	Observatório
Scheune	Celeiro
Schule	Escola
Stadion	Estádio
Supermarkt	Supermercado
Theater	Teatro
Turm	Torre
Universität	Universidade
Zelt	Tenda

Gemüse
Vegetais

Artischocke	Alcachofra
Aubergine	Beringela
Blumenkohl	Couve-Flor
Brokkoli	Brócolis
Erbse	Ervilha
Gurke	Pepino
Ingwer	Gengibre
Karotte	Cenoura
Kartoffel	Batata
Knoblauch	Alho
Kürbis	Abóbora
Olive	Oliva
Petersilie	Salsa
Pilz	Cogumelo
Rübe	Nabo
Salat	Salada
Sellerie	Aipo
Spinat	Espinafre
Tomate	Tomate
Zwiebel	Cebola

Geographie
Geografia

Atlas	Atlas
Äquator	Equador
Berg	Montanha
Breite	Latitude
Fluss	Rio
Gebiet	Território
Hemisphäre	Hemisfério
Höhe	Altitude
Insel	Ilha
Karte	Mapa
Kontinent	Continente
Land	País
Meer	Mar
Meridian	Meridiano
Norden	Norte
Ozean	Oceano
Region	Região
Stadt	Cidade
Welt	Mundo
West	Oeste

Geologie
Geologia

Erdbeben	Terremoto
Erosion	Erosão
Fossil	Fóssil
Geschmolzen	Fundido
Geysir	Geyser
Höhle	Caverna
Kalzium	Cálcio
Kontinent	Continente
Koralle	Coral
Lava	Lava
Mineralien	Minerais
Plateau	Platô
Quarz	Quartzo
Salz	Sal
Säure	Ácido
Stalagmiten	Estalagmites
Stalaktit	Estalactite
Stein	Pedra
Vulkan	Vulcão
Zone	Zona

Geometrie
Geometria

Anteil	Proporção
Berechnung	Cálculo
Dimension	Dimensão
Dreieck	Triângulo
Durchmesser	Diâmetro
Gleichung	Equação
Horizontal	Horizontal
Höhe	Altura
Kreis	Círculo
Kurve	Curva
Logik	Lógica
Masse	Massa
Nummer	Número
Oberfläche	Superfície
Parallel	Paralelo
Quadrat	Quadrado
Segment	Segmento
Symmetrie	Simetria
Theorie	Teoria
Winkel	Ângulo

Geschäft
Negócios

Arbeitgeber	Empregador
Budget	Orçamento
Büro	Escritório
Einkommen	Rendimento
Fabrik	Fábrica
Geld	Dinheiro
Geschäft	Loja
Gewinn	Lucro
Investition	Investimento
Karriere	Carreira
Kosten	Custo
Manager	Gerente
Mitarbeiter	Empregado
Rabatt	Desconto
Steuern	Impostos
Transaktion	Transação
Verkauf	Venda
Ware	Mercadoria
Währung	Moeda
Wirtschaft	Economia

Gesundheit und Wellness #1
Saúde e Bem-Estar #1

Aktiv	Ativo
Apotheke	Farmácia
Arzt	Doutor
Bakterien	Bactérias
Behandlung	Tratamento
Entspannung	Relaxamento
Fraktur	Fratura
Gewohnheit	Hábito
Haut	Pele
Hormone	Hormones
Höhe	Altura
Hunger	Fome
Klinik	Clínica
Knochen	Ossos
Medizin	Medicina
Medizinisch	Médico
Nerven	Nervos
Reflex	Reflexo
Therapie	Terapia
Virus	Vírus

Gesundheit und Wellness #2
Saúde e Bem-Estar #2

Allergie	Alergia
Anatomie	Anatomia
Appetit	Apetite
Blut	Sangue
Diät	Dieta
Energie	Energia
Genetik	Genética
Gesund	Saudável
Gewicht	Peso
Hygiene	Higiene
Infektion	Infecção
Kalorie	Caloria
Krankenhaus	Hospital
Krankheit	Doença
Massage	Massagem
Risiken	Riscos
Schlafen	Dormir
Sport	Esportes
Stress	Estresse
Vitamin	Vitamina

Gewürze
Especiarias

Anis	Anis
Bitter	Amargo
Curry	Caril
Fenchel	Funcho
Geschmack	Sabor
Ingwer	Gengibre
Kardamom	Cardamomo
Knoblauch	Alho
Lakritze	Alcaçuz
Muskatnuss	Noz-Moscada
Nelke	Cravo
Paprika	Páprica
Pfeffer	Pimenta
Safran	Açafrão
Salz	Sal
Sauer	Azedo
Süss	Doce
Vanille	Baunilha
Zimt	Canela
Zwiebel	Cebola

Haartypen
Tipos de Cabelo

Blond	Loiro
Braun	Marrom
Dick	Grosso
Dünn	Fino
Farbig	Colori
Geflochten	Trançado
Gesund	Saudável
Grau	Cinza
Kahl	Careca
Kurz	Curto
Lang	Longo
Locken	Cachos
Lockig	Encaracolado
Schwarz	Preto
Silber	Prata
Trocken	Seco
Weich	Suave
Weiss	Branco
Wellig	Ondulado
Zöpfe	Tranças

Haus
Casa

Besen	Vassoura
Bibliothek	Biblioteca
Dach	Telhado
Dachboden	Sótão
Decke	Teto
Dusche	Chuveiro
Fenster	Janela
Garage	Garagem
Garten	Jardim
Kamin	Lareira
Küche	Cozinha
Möbel	Mobiliário
Schlüssel	Chaves
Schornstein	Chaminé
Spiegel	Espelho
Treppe	Escada
Tür	Porta
Wand	Parede
Zaun	Cerca
Zimmer	Quarto

Ingenieurwesen
Engenharia

Achse	Eixo
Antrieb	Propulsão
Berechnung	Cálculo
Diagramm	Diagrama
Diesel	Diesel
Durchmesser	Diâmetro
Energie	Energia
Flüssigkeit	Líquido
Getriebe	Engrenagens
Hebel	Alavancas
Konstruktion	Construção
Maschine	Máquina
Messung	Medição
Motor	Motor
Stabilität	Estabilidade
Stärke	Força
Struktur	Estrutura
Tiefe	Profundidade
Verteilung	Distribuição
Winkel	Ângulo

Jazz
Jazz

Album	Álbum
Alt	Velho
Applaus	Aplauso
Berühmt	Famoso
Favoriten	Favoritos
Genre	Gênero
Improvisation	Improvisação
Komponist	Compositor
Konzert	Concerto
Künstler	Artista
Lied	Canção
Musik	Música
Musiker	Músicos
Neu	Novo
Orchester	Orquestra
Rhythmus	Ritmo
Solo	Solo
Stil	Estilo
Talent	Talento
Technik	Técnica

Kaffee
Café

Aroma	Aroma
Bitter	Amargo
Creme	Creme
Filter	Filtro
Flüssigkeit	Líquido
Geröstet	Assado
Geschmack	Sabor
Getränk	Bebida
Koffein	Cafeína
Mahlen	Moer
Milch	Leite
Morgen	Manhã
Preis	Preço
Schwarz	Preto
Tasse	Copa
Ursprung	Origem
Vielfalt	Variedade
Wasser	Água
Zucker	Açúcar

Kleidung
Roupas

Armband	Pulseira
Bluse	Blusa
Gürtel	Cinto
Halskette	Colar
Handschuhe	Luvas
Hemd	Camisa
Hose	Calça
Hut	Chapéu
Jacke	Jaqueta
Jeans	Jeans
Kleid	Vestido
Mantel	Casaco
Mode	Moda
Pullover	Suéter
Rock	Saia
Sandalen	Sandálias
Schal	Lenço
Schlafanzug	Pijama
Schuh	Sapato
Schürze	Avental

Kräuterkunde
Herbalismo

Aromatisch	Aromático
Basilikum	Manjericão
Blume	Flor
Dill	Endro
Estragon	Estragão
Fenchel	Funcho
Garten	Jardim
Geschmack	Sabor
Grün	Verde
Knoblauch	Alho
Kulinarisch	Culinário
Lavendel	Lavanda
Majoran	Manjerona
Petersilie	Salsa
Qualität	Qualidade
Rosmarin	Alecrim
Safran	Açafrão
Thymian	Tomilho
Vorteilhaft	Benéfico
Zutat	Ingrediente

Kreativität
Criatividade

Ausdruck	Expressão
Authentizität	Autenticidade
Bild	Imagem
Dramatisch	Dramático
Eindruck	Impressão
Erfinderisch	Inventivo
Fähigkeit	Habilidade
Flüssigkeit	Fluidez
Gefühle	Sentimentos
Inspiration	Inspiração
Intensität	Intensidade
Intuition	Intuição
Klarheit	Clareza
Künstlerisch	Artístico
Phantasie	Imaginação
Sensation	Sensação
Spontan	Espontânea
Visionen	Visões
Vitalität	Vitalidade

Kunst
Arte

Ausdruck	Expressão
Ehrlich	Honesto
Einfach	Simples
Gegenstand	Sujeito
Gemälde	Pinturas
Inspiriert	Inspirado
Keramik	Cerâmica
Komplex	Complexo
Original	Original
Persönlich	Pessoal
Poesie	Poesia
Porträtieren	Retratar
Schaffen	Criar
Skulptur	Escultura
Stimmung	Humor
Surrealismus	Surrealismo
Symbol	Símbolo
Visuell	Visual
Zusammensetzung	Composição

Küche
Cozinha

Essen	Comer
Essstäbchen	Pauzinhos
Gabeln	Garfos
Gefrierschrank	Freezer
Gewürze	Especiarias
Grill	Grelha
Kelle	Concha
Krug	Jarro
Kühlschrank	Geladeira
Löffel	Colheres
Messer	Facas
Ofen	Forno
Rezept	Receita
Schürze	Avental
Schüssel	Tigela
Schwamm	Esponja
Serviette	Guardanapo
Tassen	Cups
Wasserkocher	Chaleira

Landschaften
Paisagens

Berg	Montanha
Eisberg	Iceberg
Fluss	Rio
Geysir	Geyser
Gletscher	Geleira
Golf	Golfo
Halbinsel	Península
Höhle	Caverna
Hügel	Colina
Insel	Ilha
Meer	Mar
Oase	Oásis
See	Lago
Strand	Praia
Sumpf	Pântano
Tal	Vale
Tundra	Tundra
Vulkan	Vulcão
Wasserfall	Cascata
Wüste	Deserto

Länder #1
Países #1

Ägypten	Egito
Brasilien	Brasil
Deutschland	Alemanha
Finnland	Finlândia
Indien	Índia
Irak	Iraque
Israel	Israel
Italien	Itália
Kambodscha	Camboja
Kanada	Canadá
Lettland	Letônia
Mali	Mali
Nicaragua	Nicarágua
Norwegen	Noruega
Polen	Polônia
Rumänien	Romênia
Senegal	Senegal
Spanien	Espanha
Venezuela	Venezuela
Vietnam	Vietnã

Länder #2
Países #2

Albanien	Albânia
Äthiopien	Etiópia
Frankreich	França
Griechenland	Grécia
Haiti	Haiti
Irland	Irlanda
Jamaika	Jamaica
Japan	Japão
Kenia	Quênia
Laos	Laos
Liberia	Libéria
Mexiko	México
Nepal	Nepal
Nigeria	Nigéria
Pakistan	Paquistão
Russland	Rússia
Sudan	Sudão
Syrien	Síria
Uganda	Uganda
Ukraine	Ucrânia

Literatur
Literatura

Analogie	Analogia
Analyse	Análise
Anekdote	Anedota
Autor	Autor
Beschreibung	Descrição
Biographie	Biografia
Dialog	Diálogo
Erzähler	Narrador
Fiktion	Ficção
Gedicht	Poema
Metapher	Metáfora
Poetisch	Poético
Reim	Rima
Rhythmus	Ritmo
Roman	Romance
Schlussfolgerung	Conclusão
Stil	Estilo
Thema	Tema
Tragödie	Tragédia
Vergleich	Comparação

Mathematik
Matemática

Arithmetik	Aritmética
Bruchteil	Fração
Dezimal	Decimal
Dreieck	Triângulo
Durchmesser	Diâmetro
Exponent	Expoente
Geometrie	Geometria
Gleichung	Equação
Parallel	Paralelo
Parallelogramm	Paralelogramo
Polygon	Polígono
Quadrat	Quadrado
Radius	Raio
Rechteck	Retângulo
Senkrecht	Perpendicular
Summe	Soma
Symmetrie	Simetria
Umfang	Perímetro
Volumen	Volume
Winkel	Ângulos

Meditation
Meditação

Annahme	Aceitação
Aufmerksamkeit	Atenção
Bewegung	Movimento
Dankbarkeit	Gratidão
Freundlichkeit	Bondade
Frieden	Paz
Gedanken	Pensamentos
Geistig	Mental
Glück	Felicidade
Klarheit	Clareza
Lehre	Ensinamentos
Lernen	Aprender
Mitgefühl	Compaixão
Musik	Música
Natur	Natureza
Perspektive	Perspectiva
Ruhig	Calmo
Stille	Silêncio
Verstand	Mente
Wach	Acordado

Menschlicher Körper
Corpo Humano

Bein	Perna
Blut	Sangue
Ellbogen	Cotovelo
Finger	Dedo
Gehirn	Cérebro
Gesicht	Rosto
Hals	Pescoço
Hand	Mão
Haut	Pele
Herz	Coração
Kiefer	Mandíbula
Kinn	Queixo
Knie	Joelho
Knöchel	Tornozelo
Kopf	Cabeça
Mund	Boca
Nase	Nariz
Ohr	Orelha
Schulter	Ombro
Zunge	Língua

Messungen
Medições

Breite	Largura
Byte	Byte
Dezimal	Decimal
Gewicht	Peso
Grad	Grau
Gramm	Grama
Höhe	Altura
Kilogramm	Quilograma
Kilometer	Quilômetro
Länge	Comprimento
Liter	Litro
Masse	Massa
Meter	Metro
Minute	Minuto
Tiefe	Profundidade
Tonne	Tonelada
Unze	Onça
Volumen	Volume
Zentimeter	Centímetro
Zoll	Polegada

Mode
Moda

Bescheiden	Modesto
Boutique	Boutique
Einfach	Simples
Elegant	Elegante
Erschwinglich	Acessível
Kleidung	Roupa
Komfortabel	Confortável
Minimalistisch	Minimalista
Modern	Moderno
Original	Original
Praktisch	Prático
Spitze	Renda
Stickerei	Bordado
Stil	Estilo
Stoff	Tecido
Tasten	Botões
Teuer	Caro
Textur	Textura
Trend	Tendência

Musik
Música

Album	Álbum
Ballade	Balada
Chor	Coro
Harmonie	Harmonia
Harmonisch	Harmônico
Improvisieren	Improvisar
Instrument	Instrumento
Klassisch	Clássico
Lyrisch	Lírico
Melodie	Melodia
Mikrofon	Microfone
Musical	Musical
Musiker	Músico
Oper	Ópera
Poetisch	Poético
Rhythmisch	Rítmico
Rhythmus	Ritmo
Sänger	Cantor
Singen	Cantar
Tempo	Tempo

Musikinstrumente
Instrumentos Musicais

Banjo	Banjo
Cello	Violoncelo
Fagott	Fagote
Flöte	Flauta
Geige	Violino
Gitarre	Violão
Gong	Gongo
Harfe	Harpa
Klarinette	Clarinete
Klavier	Piano
Mandoline	Bandolim
Marimba	Marimba
Mundharmonika	Gaita
Oboe	Oboé
Posaune	Trombone
Saxophon	Saxofone
Schlagzeug	Percussão
Tamburin	Pandeiro
Trommel	Tambor
Trompete	Trompete

Mythologie
Mitologia

Archetyp	Arquétipo
Blitz	Relâmpago
Donner	Trovão
Eifersucht	Ciúmes
Held	Herói
Himmel	Céu
Katastrophe	Desastre
Kreation	Criação
Kreatur	Criatura
Krieger	Guerreiro
Kultur	Cultura
Labyrinth	Labirinto
Legende	Lenda
Magisch	Mágico
Monster	Monstro
Rache	Vingança
Stärke	Força
Sterblich	Mortal
Unsterblichkeit	Imortalidade
Verhalten	Comportamento

Natur
Natureza

Arktis	Ártico
Berge	Montanhas
Bienen	Abelhas
Dynamisch	Dinâmico
Erosion	Erosão
Fluss	Rio
Friedlich	Pacífico
Gletscher	Geleira
Heiligtum	Santuário
Heiter	Sereno
Laub	Folhagem
Lebenswichtig	Vital
Nebel	Nevoeiro
Schönheit	Beleza
Schutz	Abrigo
Tiere	Animais
Tropisch	Tropical
Wald	Floresta
Wild	Selvagem
Wüste	Deserto

Obst
Frutas

Ananas	Abacaxi
Apfel	Maçã
Aprikose	Damasco
Avocado	Abacate
Banane	Banana
Beere	Baga
Birne	Pera
Brombeere	Amora
Himbeere	Framboesa
Kirsche	Cereja
Kiwi	Kiwi
Kokosnuss	Coco
Melone	Melão
Nektarine	Nectarina
Orange	Laranja
Papaya	Mamão
Pfirsich	Pêssego
Pflaume	Ameixa
Traube	Uva
Zitrone	Limão

Ozean
Oceano

Aal	Enguia
Auster	Ostra
Boot	Barco
Delfin	Golfinho
Fisch	Peixe
Garnele	Camarão
Gezeiten	Marés
Hai	Tubarão
Koralle	Coral
Krabbe	Caranguejo
Krake	Polvo
Qualle	Medusa
Riff	Recife
Salz	Sal
Schildkröte	Tartaruga
Schwamm	Esponja
Sturm	Tempestade
Thunfisch	Atum
Wal	Baleia
Wellen	Ondas

Ökologie
Ecologia

Art	Espécies
Berge	Montanhas
Dürre	Seca
Fauna	Fauna
Flora	Flora
Freiwillige	Voluntários
Gemeinschaft	Comunidades
Global	Global
Klima	Clima
Lebensraum	Habitat
Marine	Marinho
Nachhaltig	Sustentável
Natur	Natureza
Natürlich	Natural
Pflanzen	Plantas
Ressourcen	Recursos
Sumpf	Pântano
Überleben	Sobrevivência
Vegetation	Vegetação
Vielfalt	Diversidade

Pflanzen
Plantas

Bambus	Bambu
Baum	Árvore
Beere	Baga
Blume	Flor
Blütenblatt	Pétala
Bohne	Feijão
Botanik	Botânica
Busch	Arbusto
Dünger	Fertilizante
Efeu	Hera
Flora	Flora
Garten	Jardim
Gras	Grama
Kaktus	Cacto
Kraut	Erva
Laub	Folhagem
Moos	Musgo
Vegetation	Vegetação
Wald	Floresta
Wurzel	Raiz

Philanthropie
Filantropia

Brauchen	Necessidade
Ehrlichkeit	Honestidade
Finanzieren	Finança
Gemeinschaft	Comunidade
Geschichte	História
Global	Global
Grosszügigkeit	Generosidade
Gruppen	Grupos
Jugend	Juventude
Kinder	Crianças
Kontakte	Contatos
Menschen	Pessoas
Menschheit	Humanidade
Mission	Missão
Mittel	Fundos
Nächstenliebe	Caridade
Öffentlich	Público
Programme	Programas
Spenden	Doar
Ziele	Objetivos

Physik
Física

Atom	Átomo
Beschleunigung	Aceleração
Chaos	Caos
Chemisch	Químico
Dichte	Densidade
Elektron	Elétron
Experiment	Experiência
Formel	Fórmula
Frequenz	Frequência
Gas	Gás
Geschwindigkeit	Velocidade
Magnetismus	Magnetismo
Masse	Massa
Mechanik	Mecânica
Molekül	Molécula
Motor	Motor
Nuklear	Nuclear
Partikel	Partícula
Relativität	Relatividade
Universal	Universal

Psychologie
Psicologia

Bewertung	Avaliação
Bewusstlos	Inconsciente
Ego	Ego
Einflüsse	Influências
Gedanken	Pensamentos
Kindheit	Infância
Klinisch	Clínico
Kognition	Cognição
Konflikt	Conflito
Persönlichkeit	Personalidade
Problem	Problema
Sensation	Sensação
Termin	Compromisso
Therapie	Terapia
Träume	Sonhos
Unterbewusstsein	Subconsciente
Verhalten	Comportamento
Wahrnehmung	Percepção
Wirklichkeit	Realidade

Regierung
Governo

Bezirk	Distrito
Demokratie	Democracia
Denkmal	Monumento
Diskussion	Discussão
Freiheit	Liberdade
Friedlich	Pacífico
Führer	Líder
Gerechtigkeit	Justiça
Gesetz	Lei
Gleichheit	Igualdade
Nation	Nação
National	Nacional
Politik	Política
Rechte	Direitos
Rede	Discurso
Staat	Estado
Symbol	Símbolo
Unabhängigkeit	Independência
Verfassung	Constituição
Zivil	Civil

Restaurant #2
Restaurante # 2

Abendessen	Jantar
Eis	Gelo
Fisch	Peixe
Frucht	Fruta
Gabel	Garfo
Gemüse	Legumes
Getränk	Bebida
Gewürze	Especiarias
Kellner	Garçom
Köstlich	Delicioso
Kuchen	Bolo
Löffel	Colher
Mittagessen	Almoço
Nudeln	Macarrão
Salat	Salada
Salz	Sal
Stuhl	Cadeira
Suppe	Sopa
Vorspeise	Aperitivo
Wasser	Água

Säugetiere
Mamíferos

Affe	Macaco
Bär	Urso
Biber	Castor
Elefant	Elefante
Fuchs	Raposa
Giraffe	Girafa
Gorilla	Gorila
Hund	Cão
Känguru	Canguru
Kojote	Coiote
Löwe	Leão
Panther	Pantera
Pferd	Cavalo
Ratte	Rato
Schaf	Ovelha
Stier	Touro
Tiger	Tigre
Wal	Baleia
Wolf	Lobo
Zebra	Zebra

Schokolade
Chocolate

Antioxidans	Antioxidante
Aroma	Aroma
Bitter	Amargo
Erdnüsse	Amendoins
Essen	Comer
Exotisch	Exótico
Favorit	Favorito
Geschmack	Gosto
Handwerklich	Artesanal
Kakao	Cacau
Kalorien	Calorias
Karamell	Caramelo
Kokosnuss	Coco
Köstlich	Delicioso
Pulver	Pó
Qualität	Qualidade
Rezept	Receita
Süss	Doce
Zucker	Açúcar
Zutat	Ingrediente

Schönheit
Beleza

Anmut	Graça
Charme	Charme
Dienstleistungen	Serviços
Duft	Fragrância
Elegant	Elegante
Eleganz	Elegância
Farbe	Cor
Fotogen	Fotogênico
Glatt	Suave
Haut	Pele
Kosmetik	Cosméticos
Lippenstift	Batom
Locken	Cachos
Öle	Óleos
Produkte	Produtos
Schere	Tesoura
Shampoo	Xampu
Spiegel	Espelho
Stylist	Estilista
Wimperntusche	Rímel

Science Fiction
Ficção Científica

Bücher	Livros
Dystopie	Distopia
Explosion	Explosão
Extrem	Extremo
Fantastisch	Fantástico
Feuer	Fogo
Futuristisch	Futurista
Galaxie	Galáxia
Geheimnisvoll	Misterioso
Illusion	Ilusão
Imaginär	Imaginário
Kino	Cinema
Orakel	Oráculo
Planet	Planeta
Realistisch	Realista
Roboter	Robôs
Szenario	Cenário
Technologie	Tecnologia
Utopie	Utopia
Welt	Mundo

Sport
Esporte

Athlet	Atleta
Ausdauer	Resistência
Diät	Dieta
Ernährung	Nutrição
Fähigkeit	Capacidade
Gesundheit	Saúde
Joggen	Jogging
Knochen	Ossos
Körper	Corpo
Maximieren	Maximizar
Metabolisch	Metabólico
Muskel	Músculos
Programm	Programa
Radfahren	Ciclismo
Sport	Esportes
Stärke	Força
Tanzen	Dançando
Trainer	Treinador
Ziel	Objetivo

Stadt
Cidade

Apotheke	Farmácia
Bank	Banco
Bäckerei	Padaria
Bibliothek	Biblioteca
Blumenhändler	Florista
Buchhandlung	Livraria
Flughafen	Aeroporto
Galerie	Galeria
Hotel	Hotel
Kino	Cinema
Klinik	Clínica
Markt	Mercado
Museum	Museu
Restaurant	Restaurante
Salon	Salão
Schule	Escola
Stadion	Estádio
Supermarkt	Supermercado
Theater	Teatro
Universität	Universidade

Tage und Monate
Dias e Meses

August	Agosto
Dezember	Dezembro
Dienstag	Terça
Donnerstag	Quinta-Feira
Februar	Fevereiro
Freitag	Sexta-Feira
Jahr	Ano
Januar	Janeiro
Juli	Julho
Juni	Junho
Kalender	Calendário
Mittwoch	Quarta-Feira
Monat	Mês
Montag	Segunda-Feira
November	Novembro
Oktober	Outubro
Samstag	Sábado
September	Setembro
Sonntag	Domingo
Woche	Semana

Tanzen
Dança

Akademie	Academia
Anmut	Graça
Ausdrucksvoll	Expressivo
Bewegung	Movimento
Choreographie	Coreografia
Emotion	Emoção
Freudig	Alegre
Haltung	Postura
Klassisch	Clássico
Körper	Corpo
Kultur	Cultura
Kulturell	Cultural
Kunst	Arte
Musik	Música
Partner	Parceiro
Probe	Ensaio
Rhythmus	Ritmo
Springen	Saltar
Traditionell	Tradicional
Visuell	Visual

Technologie
Tecnologia

Bildschirm	Tela
Blog	Blog
Browser	Navegador
Bytes	Bytes
Computer	Computador
Cursor	Cursor
Datei	Arquivo
Daten	Dados
Digital	Digital
Forschung	Pesquisa
Internet	Internet
Kamera	Câmera
Nachricht	Mensagem
Schriftart	Fonte
Sicherheit	Segurança
Software	Software
Statistik	Estatísticas
Virtuell	Virtual
Virus	Vírus

Universum
Universo

Asteroid	Asteróide
Astronom	Astrônomo
Astronomie	Astronomia
Atmosphäre	Atmosfera
Äon	Eon
Äquator	Equador
Breite	Latitude
Dunkelheit	Trevas
Galaxie	Galáxia
Hemisphäre	Hemisfério
Himmel	Céu
Horizont	Horizonte
Kosmisch	Cósmico
Längengrad	Longitude
Mond	Lua
Orbit	Órbita
Sichtbar	Visível
Sonnenwende	Solstício
Teleskop	Telescópio
Tierkreis	Zodíaco

Urlaub #2
Férias #2

Ausländer	Estrangeiro
Berge	Montanhas
Camping	Acampamento
Flughafen	Aeroporto
Fotos	Fotos
Freizeit	Lazer
Hotel	Hotel
Insel	Ilha
Karte	Mapa
Meer	Mar
Pass	Passaporte
Reise	Viagem
Restaurant	Restaurante
Strand	Praia
Taxi	Táxi
Transport	Transporte
Urlaub	Feriado
Visum	Visto
Zelt	Tenda
Ziel	Destino

Vögel
Pássaros

Adler	Águia
Ei	Ovo
Ente	Pato
Eule	Coruja
Flamingo	Flamingo
Gans	Ganso
Huhn	Frango
Krähe	Corvo
Kuckuck	Cuco
Möwe	Gaivota
Papagei	Papagaio
Pelikan	Pelicano
Pfau	Pavão
Pinguin	Pinguim
Reiher	Garça
Schwan	Cisne
Spatz	Pardal
Storch	Cegonha
Taube	Pombo
Toucan	Tucano

Wandern
Caminhada

Berg	Montanha
Camping	Acampamento
Führer	Guias
Gefahren	Perigos
Gipfel	Cume
Karte	Mapa
Klima	Clima
Klippe	Penhasco
Müde	Cansado
Natur	Natureza
Orientierung	Orientação
Schwer	Pesado
Sonne	Sol
Steine	Pedras
Stiefel	Botas
Tiere	Animais
Vorbereitung	Preparação
Wasser	Água
Wetter	Tempo
Wild	Selvagem

Wasser
Água

Bewässerung	Irrigação
Dampf	Vapor
Dusche	Chuveiro
Eis	Gelo
Feuchtigkeit	Umidade
Fluss	Rio
Flut	Inundação
Frost	Geada
Geysir	Geyser
Hurrikan	Furacão
Kanal	Canal
Monsun	Monção
Ozean	Oceano
Regen	Chuva
Schnee	Neve
See	Lago
Trinkbar	Potável
Verdunstung	Evaporação
Wellen	Ondas

Wetter
Clima

Atmosphäre	Atmosfera
Blitz	Relâmpago
Brise	Brisa
Donner	Trovão
Dürre	Seca
Eis	Gelo
Himmel	Céu
Hurrikan	Furacão
Klima	Clima
Monsun	Monção
Nebel	Nevoeiro
Polar	Polar
Regenbogen	Arco-Íris
Sturm	Tempestade
Temperatur	Temperatura
Tornado	Tornado
Trocken	Seco
Tropisch	Tropical
Wind	Vento
Wolke	Nuvem

Wissenschaft
Ciência

Atom	Átomo
Chemisch	Químico
Daten	Dados
Evolution	Evolução
Experiment	Experiência
Fossil	Fóssil
Hypothese	Hipótese
Klima	Clima
Labor	Laboratório
Methode	Método
Mineralien	Minerais
Moleküle	Moléculas
Natur	Natureza
Organismus	Organismo
Partikel	Partículas
Pflanzen	Plantas
Physik	Física
Schwerkraft	Gravidade
Tatsache	Fato
Wissenschaftler	Cientista

Wissenschaftliche Disziplinen
Disciplinas Científicas

Anatomie	Anatomia
Archäologie	Arqueologia
Astronomie	Astronomia
Biochemie	Bioquímica
Biologie	Biologia
Botanik	Botânica
Chemie	Química
Geologie	Geologia
Immunologie	Imunologia
Kinesiologie	Cinesiologia
Linguistik	Linguística
Mechanik	Mecânica
Mineralogie	Mineralogia
Neurologie	Neurologia
Ökologie	Ecologia
Physiologie	Fisiologia
Psychologie	Psicologia
Soziologie	Sociologia
Thermodynamik	Termodinâmica
Zoologie	Zoologia

Zahlen
Números

Acht	Oito
Achtzehn	Dezoito
Dezimal	Decimal
Drei	Três
Dreizehn	Treze
Fünf	Cinco
Fünfzehn	Quinze
Neun	Nove
Neunzehn	Dezenove
Null	Zero
Sechs	Seis
Sechzehn	Dezesseis
Sieben	Sete
Siebzehn	Dezessete
Vier	Quatro
Vierzehn	Quatorze
Zehn	Dez
Zwanzig	Vinte
Zwei	Dois
Zwölf	Doze

Zeit
Tempo

Gestern	Ontem
Heute	Hoje
Jahr	Ano
Jahrhundert	Século
Jahrzehnt	Década
Jährlich	Anual
Jetzt	Agora
Kalender	Calendário
Minute	Minuto
Mittag	Meio-Dia
Monat	Mês
Morgen	Manhã
Nach	Depois
Nacht	Noite
Stunde	Hora
Tag	Dia
Uhr	Relógio
Vor	Antes
Woche	Semana
Zukunft	Futuro

Zirkus
Circo

Affe	Macaco
Akrobat	Acrobata
Ballons	Balões
Clown	Palhaço
Elefant	Elefante
Fahrkarte	Bilhete
Jongleur	Malabarista
Kostüm	Traje
Löwe	Leão
Magie	Magia
Musik	Música
Parade	Desfile
Spektakulär	Espetacular
Tiere	Animais
Tiger	Tigre
Trick	Truque
Unterhalten	Entreter
Zauberer	Mágico
Zelt	Tenda
Zuschauer	Espectador

Gratuliere

Sie haben es geschafft !!

Wir hoffen, dass euch dieses Buch genauso viel Spaß gemacht hat wie uns dessen Herstellung. Wir tun unser Bestes, um qualitativ hochwertige Spiele zu erfinden. Diese Rätsel sind auf eine clevere Art und Weise entworfen, damit sie aktiv lernen und daran Vergnügen finden.

Hat ihnen das Buch gefallen ?

Eine einfache Bitte

Unsere Bücher existieren dank der Rezensionen, die sie veröffentlichen. Können sie uns helfen indem sie jetzt eine Meinung hinterlassen ?

Hier ist ein kurzer Link, der Sie zu ihrer Bewertungsseite führt

BestBooksActivity.com/Rezension50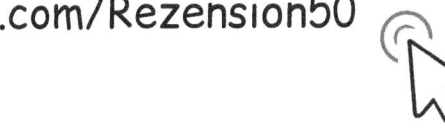

MONSTER HERAUSFÖRDERUNGEN !

Herausförderung 1

Bereit für ihr Bonusspiel? Wir verwenden sie ständig, aber sie sind nicht einfach zu finden. Es sind die Synonyme !

Notieren sie 5 Wörter, die sie in den untenstehenden Rätseln (Nummer 21, 36 und 76) entdeckt haben und versuchen sie für jedes Wort 2 Synonyme zu finden .

Notieren sie 5 Wörter aus Rätsel 21

Wörter	Synonym 1	Synonym 2

Notieren sie 5 Wörter aus Rätsel 36

Wörter	Synonym 1	Synonym 2

Notieren sie 5 Wörter aus Rätsel 76

Wörter	Synonym 1	Synonym 2

Herausförderung 2

Jetzt, wo sie warm sind, notieren sie 5 Wörter, die sie in jedem der untenaufgeführten Rätseln entdeckt haben (Nummer 9, 17 und 25) und versuchen sie für jedes Wort 2 Antonyme zu finden. Wie viele davon können sie binnen 20 Minuten finden ?

Notieren sie 5 Wörter aus **Rätsel 9**

Wörter	Antonym 1	Antonym 2

Notieren sie 5 Wörter aus **Rätsel 17**

Wörter	Antonym 1	Antonym 2

Notieren sie 5 Wörter aus **Rätsel 25**

Wörter	Antonym 1	Antonym 2

Herausförderung 3

Wunderbar, diese Monster Herausförderung  wird kein Problem für sie sein !

Bereit für die letzte Herausförderung? Wählen sie ihre 10 Lieblingswörter aus, die sie in einem Rätsel entdeckt haben und notieren sie sie unten.

1.	6.
2.	7.
3.	8.
4.	9.
5.	10.

Die Aufgabe besteht nun darin mit diesen Wörtern und in maximal sechs Sätzen einen Text herzustellen über eine Person, ein Tier oder ein Ort den sie lieben !

Tipp : sie können die letzten leeren Seiten dieses Buches als Entwurf verwenden

Ihr Schreiben :

NOTIZBUCH :

AUF BALDIGES WIEDERSEHEN !

Linguas Classics

KOSTENLOSE SPIELE GENIESSEN

GO

BESTACTIVITYBOOKS.COM/FREEGAMES